Germán Palacios Ríos

Sublevación de la Armada de Chile

Un Marino Sublevado

Coquimbo 1931

Colección
Historia y Sociedad

ISBN: 978-956-393-149-5

Inscripción N° 234.070
Derechos reservados para todos los países

Primera Edición 2019
Ediciones *Factum*
Santiago – Chile

Prefacio

Las hebras de Ariadna son múltiples y siempre recurrimos a una para entrar en los problemas y encontrar el retorno. Con ella, entramos en el laberinto para arrancar del Minotauro los datos con que podamos no solo reconstruir un espacio histórico-caótico, en este caso, de la Escuadra Nacional sublevada en Coquimbo, agosto 1931, hecho que la atrapa en un torbellino de sucesos y acontecimientos, no sólo a ella, sino que sus efectos repercuten en otras ramas de las FFAA y en el escenario político del país.

Ramón Arellano Becerra, proporciona una hebra para ingresar y salir del laberinto, nos permite no caer en el torbellino de la memoria colectiva ahistórica, pero también nos salva de la memoria histórica inscrita en documentos, en los que se lee lo redactado por alguien y su voluntad según lo dicho, lo constatado, lo interpretado. Cuando un participante directo de los acontecimientos que es parte de un hecho histórico, como es el caso de Ramón Arellano Becerra en la sublevación de la marinería, lo que nos dice es su actuar referido a la situación vivida, a la sucesión de acontecimientos al interior del hecho que ha experimentado y del cual elabora un discurso oral que no tiene referencias a textos existentes en ese momento, salvo al mundo circunscrito al hecho.

Capítulo 1: Las hebras de Ariadna
Discusión bibliográfica

> *Todo apunta a que, así como en los sucesos de Copiapó en diciembre de 1931 (la llamada Pascua Trágica) y posteriormente en los acontecimientos del alto Bíobío, Ranquil en 1934, el Partido Comunista no participó en la gestación del movimiento de la marinería y no tuvo responsabilidad en su desarrollo (salvo solidarizar, especialmente con los condenados) quedando fuera de toda gestión y conducción. Es el discurso oficial del poder el que los sindica como propulsores y conductores, pudiéndolos culpar y aislar políticamente justificando la persecución, encarcelamiento de dirigentes y militantes e independientes de izquierda.*
>
> *En la cultura comunistas se instala el haber sido parte de estos hechos debido a que participantes directos en ellos, tales como Arellano Becerra (preceptor y sublevado de la Armada de Chile)[1], el Dr. Osvaldo Quijada (Pascua Trágica Copiapó y Vallenar)[2] o, Leiva Tapia (Ranquil)[3] ingresan al Partido Comunista de Chile con posterioridad a los acontecimientos, lo que provoca una ligazón con los hechos e inscribe en el inconsciente del militante comunista la idea de haber sido parte de esa historia, la creen suya.*

Con este trabajo se pone fin a la trilogía histórica iniciada con "El caso Ranquil, alto Bíobío, 1934. La violencia en la Expansión de la Propiedad Agrícola"[4] y, con "El caso de Pascua Trágica en Copiapó y Vallenar: 1931. Estar fuera de la Historia"[5] como hechos de violencia política, económica y militar que quedaron allí donde el ser histórico no es. En ese vertedero histórico que todo lo cubre, más aún cuando no sirve a los propósitos de un proceso de dominio republicano como el iniciado con la

---

[1] "En 1932, ya estaba en la Penitenciaría de Santiago, cumpliendo la condena a perpetuidad. Llegaban distintas delegaciones de profesionales, obreros y políticos. Entre estos últimos, un día llego don Elías Lafertte y parece que quien le acompañaba era Ricardo Latchant. Nos plantearon que para obtener resultados a la lucha por la libertad, que las organizaciones políticas y sociales realizaban, era necesario, que nos organizaramos al interior de la cárcel.
Con Pacheco organizamos una célula con la gente de la calle dos. Recibimos carnet de militantes del Partido Comunista. Al cual pertenezco hasta la actualidad". Entrevista a Ramón Arellano Becerra realizada por el autor.

[2] "Después que salí de la cárcel, funde el Partido Socialista Marxista en Atacama. Vino una elección. Yo fui candidato a diputado y alcanzamos...". Entrevista al Dr. Quijada, Germán Palacios Ríos, "Estar fuera de la Historia, Pascua Trágica Copiapó y Vallenar 1931"

[3] "Pues bien, compañeros, antes que nuestros ideales meramente teóricos, están nuestros intereses regionales e institucionales; está la vida de nuestra naciente colonia del Alto Bíobío; está nuestra organización sindical agraria, todo esto que hoy por hoy es nuestro ideal prendido en la realidad. Para seguir adelante con nuestra obra necesitamos paz, tranquilidad, justicia venga de donde venga" (El Mercurio 4/10/1934.97-98,). L. Tapia muere a causa de la represión en Ranquil sin ser militante comunista, aunque participaba en reuniones de la FOCH, pero su discurso era independiente al igual que su actuar muy alejado del estalinismo de la época. El PC, con posterioridad a estos sucesos inicia la discusión de una política agraria y, unir la lucha obrera al campo. Germán Palacios Ríos, El caso Ranquil, alto Bíobío, 1934. La violencia en la Expansión de la Propiedad Agrícola

[4] Idem

[5] Idem

Independencia de Chile y la Constitución de 1833 que rige la estructura política del país durante 91 años, hasta el proceso de instalación de la Constitución Política de 1925 que culmina con la elección de Arturo Alessandri (diciembre 1932), logrando estabilidad política en el marco del funcionamiento pleno de esta Constitución y que se refleja en la instalación de autoridades por la vía de elecciones, tanto en las parlamentaria como en la presidencial de 1938 cuyo triunfo recayó en el Frente Popular. Terminó su vida útil en el plesbiscito de 1980 cuando se impone la constitución firmada por Pinochet, pero cuyos fundamentos son la expresión del pensamiento monárquico religioso de Jaime Juzman Errázuriz, del libre mercado impulsado por José Piñera Echeñique y respaldados por la derecha política renovada.

Tanto en este trabajo, como en los anteriores, se discute el problema del discurso histórico como instrumento de poder y de oficialización del conocimiento histórico, sea para las posturas de derecha o de izquierda, que utilizan el método ad-probandum o ad-narandu[6], o el materialismo histórico, pero con el problemas de que quienes lo utilizan en sus análisis hitóricos, están más cercanos a la adjetivización histórica que de la dialéctica de la Historia. Estas posturas asumidas por los historiadores transmiten visiones circunscritas a intereses y sectores de poder que dejan fuera al obrero que marchó por sus derechos; al que lanzó una piedra o prendió fuego al neumático en la protesta callejera; al que dio su apoyo y aporte para desarrollar un proyecto en común que quedó en el camino; a protagonistas como Ramón Arellano Becerra[7] de quién se rescata un discurso oral capaz de ligar la sublevación de la marinería con algo mas que la rebaja de sueldos, pues, ya a comicnzos de la década de 1920, los observadores de la economía nacional señalaban a la devaluación del peso como el principal impedimento para aumentar las inversiones extranjeras y el crecimiento interno lo que se agudiza a mediados de la década. Para Ramón Arellana B. el año 1925, lo recuerda por el impacto en su familia (su hermano queda cesante en las salitreras y sus padres deben vender y de pequeños propietarios de la tierra se convierten en medieros). Es el proceso de crisis económica que va a continuar y se agudizará con la crisis externa de 1929 que llevará la inflacion al 243% en 1933. Lo que nos muestra Ramón Arellano B. es que la rebaja de sueldos como medida para lograr un punto de equilibrio en la Balanza de Pagos y que gatilla la sublevación de la Armada de Chile, es un proceso

---

[6] *"...el denominado ad probandum o filosófico y el ad narrandum o narrativo. El primero planteaba la utilización de un criterio filosófico-político desde el cual ordenar o descubrir el sentido del material histórico chileno; el segundo pretendía rastrear o dar a conocer primeramente los hechos de nuestro pasado".* "Una polémica sobre historiografía nacional", Mensaje, Santiago, Nº 385, 1989, pág. 528.
[7] Titulado Profesor de Educación Básica en la Escuela Normal de Chillan, Preceptor de la Armada de Chile y sublevado en agosto-septiembre de 1931, comerciante, Alcalde de San Miguel.

cuyos inicios se remontan a inicios de la década[8]. La crisis económica y política con una constitución que no se instala plenamente, sin autoridades elejidas, una adictadura y posterior vacío de poder se iba a procudir de todas manera en nuestro país, o sea el problema tiene raíces propias. El año 29 se utiliza mas como una justificación de los errores de la gestión política y económica de la clase política y financiera de la época, señalaban que la crisis y los males del país eran producto de la situación mundial, sin embargo, en el informe al que hacemos referencia, el Banco Central sostiene lo contrario:

> *"...no era de la misma opinión aunque evidentemente dicha crisis tiene una gran responsabilidad, pero es forzoso reconocer que hemos agravado la situación con un sistema monetario no científico, anticuado y ciegamente defendido por la Superintedencia de Bancos y por la Dirección del Banco Central."*[9].

En la pugna por el poder, un sector hace bien su trabajo, es capaz de reproducirlo y recrearlo tantas veces como sea necesario para mantenerlo. En cambio, ante una situación tan especial para dar un salto cualitativo, el movimiento obrero y los movimientos sociales, así comos los atomisados partidos políticos de izquierda y, los comunistas autodeclarados la vanguardia, una vez más no estan con capacidad de dar una respuesta que pueda orientar y dirigir esta estela política a un fin. Una vez mas, la revolución quedó postergada en razón de que las condiciones objetivas no estaban dadas[10], en realidad lo que tenían era incapacidad orgánica, falta de visión política y una rencilla interna entre la idea de un partido de cédulas (Lafferte) o asambleista (Hidalgo), situación hitóricamente reproducida,

---

[8] "La inflación de los precios domésticos reflejaba esta devalorización del peso. De acuerdo a un índice del costo de la vida en Santiago, el promedio anual de los precios subió de una base 100 en 1914 a 132 en 1919, 156 en 1920, 172 en 1924 y 187 en 1929. Estos agudos brotes inflacionarios en 1919-1920 y 1924-25 estimularon vuelcos políticos, los cuales provocaron la venida de Kemmerer". Paul W. Drake, La misión Kemmerer a Chile: consejeros norteamericanos, estabilización y endeudamiento, 1925-1932, Cuadernos de la Historia, Departamento de Ciencia Históricas, Universidad de Chile, Julio 1984, pag. 34

[9] Extracto del Informe Anual del Banco Central, Capítulo V "Un bienio Crítico: 1931 – 1932", publicado en La Nación, Santiago, 21 de julio 1931

[10] Sí, el estado de anarquía económica a que se refiere el Informe del Banco Central Capítulo V, la crisis política expresada en autoridades que se suceden una tras otra en tiempos breves, crisis social con una cesantía que al año 1929 quedaban trabajando en el salitre 32000 de mas de 70000 trabajadores, no pago de deuda externa, y por si fuera poco más de 4000 hombres sublevados comprometiendo la Escuadra en su conjunto, además se deben considerar las unidades de tierra, más la solidaridad de las otras instituciones que se manifiestan en situaciones como las del Regimiento Maipo en Valparaíso, si no son condiciones objetivas ¿qué son?

tanto en Copiapó y Vallenar (Pascua Trágica,1931) o en Ranquil 1934, así como, durante la Dictadura de Pinochet, en que nuevamente los sumía el conflicto interno entre los que planteaban el desarrollo político electoral de masas y el desarrollo político militar de masas. Discusión que los mantiene encerrados en sí mismos lo que no hace mas que dejarlos nuevamente sin capacidad para actuar en el mundo real. Todos se pucieron de acuerdo con la campaña del "NO", proceso que los dejó fuera de todo reparto de la democracia y al igual que a la salida de la Dictadura de Ibañez, una vez más, se sometieron al modelo que un dictador dejaba instalado.

Las hebras de Ariadna son múltiples y siempre tomaremos una para entrar en los problemas y con ella encontrar el retorno. Entramos en el laberinto bibliográfico para arrancar del Minotauro los datos con que podamos no solo reconstruir un espacio histórico-caótico de la Escuadra sublevada en Coquimbo, hecho que la atrapa en un torbellino de sucesos y acontecimientos que abarcan, entre otros, el alzamiento de la Escuadra Activa y posteriormente la Escuadra del Sur apostada en Talcahuano, la toma de los astilleros en Talcahuano, el pliego de peticiones, las negociaciones con el Gobierno, el apoyo de sectores de la civilidad, el Partido Comunista y su ausencia crónica en hechos de esta naturaleza, Suboficial Ernesto González, toma del Regimiento Esmeralda en Viña del Mar, rebaja de sueldo, la agudización del quiebre de la economía nacional con sus propias raíces y agudizada con la caída de la Bolsa de Nueva York el 1929, bombardeo de la aviación a la escuadra, aumento de los impuestos del 15% en 1924 al 38% en 1929 y 63% para 1932, la presencia del Komintern, el Almirante Von Schroeders, los combates por recuperar regimientos y naves, Ramón Arellano Becerra, el Estado Mayor de los sublevados, la huelga de hambre de los condenados, la prensa de uno u otro sector concentrando y manipulando la información para establecer una verdad que no es capaz de dar cuenta de la realidad, sino, que elaborar un discurso necesario que permita darle significado y sentido a un hecho que es algo más que unos barcos retenidos por la marinería en la bahía de Coquimbo. El laberinto es de tal magnitud que no solo esconde una monstruosidad de información que ha hecho del que ha entrado se quede tan solo con un aspecto de ellos y, en la mayoría de los casos, en la descripción de actos y acciones entre el Estado Mayor de los sublevados y el Gobierno, así se pierde la unidad del hecho histórico, los elementos contrarios en pugna, sus negaciones y síntesis posible.

Al final de cuenta, la literatura se queda en la descripción del hecho o en su efecto, considera su singularidad sin integrarlo al conjunto de elementos que abundan en el escenario histórico en estudio, y cuando sucede dominan modelos político-histórico que se reducen al dato concreto para realizar el razonamiento histórico. Por otra parte, oculta algo que no permite el consenso de los historiadores, aunque se tengan algunas hipótesis de trabajo[11] que aparecen en la primera edición de Pascua Trágica y Ranquil que parecen compartirse[12] y en torno a las que todos rondan en un ir y venir narrativo y probatorio, círculo del que no se sale. El tránsito por el laberinto continúa, además, se suma el decir de lo dicho. Es la mirada positivista del hecho concreto. Pero el laberinto nos muestra a los participantes, entre ellos a Ramón Arellano Becerra que narra, describe, discute, plantea cuestionamientos (ver capítulo de entrevista) y hace de esta situación una experiencia recurrente en su vida, entra y sale del laberinto porque es el escenario de su propia historia.

Ramón Arellano Becerra, proporciona una hebra para regresar y salir del laberinto, nos permite no caer en el torbellino de la memoria colectiva ahistórica, pero también nos salva de la memoria histórica inscrita en documentos, en los que se lee lo redactado por alguien y su voluntad según lo dicho, lo constatado, lo interpretado. Cuando un participante directo de los acontecimientos que es parte de un hecho histórico, como es el caso de Ramón Arellano Becerra[13] en la sublevación de la marinería, lo que nos dice es su actuar referido a la situación vivida, a la sucesión de acontecimientos al interior del hecho[14] que ha experimentado y del cual elabora un discurso oral que no tiene referencias a textos existentes en ese momento, salvo al mundo circunscrito al hecho. Un personaje, como Ramón Arellano Becerra está referido al acontecimiento en sí y al mundo inmediato que lo rodea, es un buen sendero para salir, a pesar de haber pulsado múltiples enlaces, que nos obliga referenciar como lo dicho con posterioridad al suceso en sí. Nos

---

[11] Hipótesis trabajadas en "Ranquil: Expansión de la Propiedad Agrícola"; "Estar fuera de la Historia, Pascua TrágicaCopiapó y Vallenar 1931" y que, en "Un marino sublevado: la Escuadra de Chile se subleva, 1931" reaparecen tales como que el Partido Comunista de Chile se encuentra al momento de estos alzamiento imposibilitado de actuar por cuanto tiene un conflicto interno (hidalguistas/CCPC) y, porque se encuentra en reestructuración pasando del asambleísmo a la estructura leninista de células, o, aquella que dice relación con que es una acción del PC chileno con el apoyo del Kominter y de Moscú, una afirmación sustentada desde posturas de la derecha política y trabajada profusamente en la editoriales de la prensa de la época. Tanto Ranquil como Copiapó y la sublevación de la marinería están motivados por situaciones propias que dan origen a que grupos de hombres, mujeres, niños o ancianos se levanten contra el Estado recibiendo por respuesta las más atroz represión.

[12] "La sublevación de la Armada de Chile en septiembre de 1931; ¿Reivindicaciones laborales o infiltración comunista?" Cooperativa de Estudios Históricos y Ciencias Sociales, Cehycso. Revista Norte Histórico. N° 1, 2014: 64-91, Issn: 0719-4587

[13] Ramón Arellano Becerra, Preceptor de la Armada de Chile, participante en la sublevación de la Armada de Chile en agosto-septiembre 1931. Entrevista realizada por el autor para este trabajo y reproducida en el Capítulo 2

[14] En la entrevista realizada explica por que el ataque aéreo fue tan efectivo y no se hizo nada, en consecuencia que se tenía el armamento para tal defensa. Ese tipo de armamento era nuevo y aún no se capacitaba a la marinería para su uso. Aún era algo que estaba solo en conocimiento de los oficiales (calcular el ángulo de disparo, además de considerar el movimiento). Esta incapacidad de defensa fue el principio del fin de la sublevación. Desmoralizados, después del bombardeo, en la noche desertaron los primeros barcos sublevados.

centra en su decir en que es capaz de ligar la sublevación de la marinería con algo mas que la rebaja de sueldos, nos muestra el proceso de la crisis económica desde anterior al año 1925, y cómo la Bolsa de Nueva Yorck en 1929, es solo un factor más, así como la inestabilidad política que no logra con prontitud superar y dejar atrás el parlamentarismo provocando un cuadro de anarquía política desde la caída de Ibañez hasta el advenimiento de Allessandri en 1932. Secuencia de hechos resultante que responde a un proceso en desarrollo desde 1922 en adelante y, que la historiografía esconde tras las Gran Depresión de 1929, la que aparece como la responzable de nuestra desdicha, sin embargo, como veremos en el análisis de memoria e informes del Banco Central, con depresión o sin ella nuestra crisis política y económica explotaría en la cara de todos, estaba anunciada.

Cuando Ramón Arellano Becerra nos comunica sus vivencias o se detiene en un acontecimiento en particular, elabora un discurso oral que se realiza de manera temporal y actual. Sus relatos, ya sean de carácter general o particular o, llevados a una condición singular (yo concreto, yo actor) en una acción específica de su vida no es virtual, no es lenguaje carente de sujeto, por el contrario, el discurso remite por sí mismo a su propio locutor. Siempre está referido a alguna cosa, a un mundo que pretende describir, expresar, representar. Pero, no solamente a un mundo está dirigido, sino que también a un "otro", a un alguien, a un interlocutor. El entrevistado, realiza un encadenamiento histórico articulando su pasado y presente utilizando su memoria en un relato que no es solo una sucesión de acontecimientos fugitivos que desea dar a conocer, sino, que un sentido que le da trascendencia. Tiene un manejo del tiempo distinto, para él no es la secuencia de relación con el pasado como búsqueda del origen de algo que se desarrolla al presente, lo que don Ramón exprresa como relación de tiempo es comenzar en un hecho relevante que constituye el anclaje para situarse, desde ahí conecta hacia atrás con los aspectos provocadores de sus actos o decisiones y que le dicen porque actúo de una forma y no de otra, a la vez que le explican su futuro a partir de ese instante. La sublevación de la marinería es ese anclaje-presente a consecuencia de la cual tomo decisiones que lo acompañaron toda su vida.

El problema macroeconómico

Al analizar el contexto macroeconómico, el país, con anterioridad a la Gran Depresión del 1929 venía desarrollando una política económica expansiva en el gasto público, destinada a la modernización de la intraestructura productiva reflejada en la prosperidad de la clase media y acomodada. Pero el problema de este incipiente progreso y bienestar, es que se basaba en el endeudamiento exterior, cuyos préstamos provenían principalmente de EEUU. Chile hacia 1920 *"ocupa el primer lugar en Sudamérica como importador de capital norteamericano"*[15]. Se agrega a lo anterior, el derrumbe de la Bolsa de Nueva York que provocó una falta de liquidez que hace caer los precios internacionales (el salitre en 1929 tenía un valor de US$40 por tonelada, en 1932 su valor no supera los US$24), junto con ello el padrón oro como sistema de respaldo de la moneda se derrumba en Chile tal como en otras partes del mundo.

Camilo Carrasco A[16], Gerente General del Banco Central por 10 año propuso al Consejo del Banco Central escribir una historia institucional que en el capítulo V hace un análisis macroeconómico. Entre 1930 y 1932 se produce la más grande recesión económica conocida en la historia del país y cuyas causas externas y comportamiento de las políticas internas no deja de ser parecidas a las de otras recesiones de nuestra economía. La diferencia radica en la magnitud y duración de sus efectos, destacándose la caída del Producto Interno Bruto (PIB) durante tres años continuos en un 45% entre 1929 y 1932. Previo a este período, la economía se caracteriza por sus políticas monetarias expansivas, especialmente 1927-1929, pero a partir de 1930 se genera un déficit comercial que provoca una política monetaria contractiva tanto por el ajuste automático del padrón oro, como por las alzas de las tasas de interés nominal decretadas por el Banco Central y, una importante inflación de precios. Estas condiciones hace que el desempleo se incremente (hacia 1929, se estima que 91.000 obreros trabajan en la minería, en 1930 quedaban 72,000 y en 1931 sólo 39.000)[17] y se genere una caída de los ingresos derivando en un aumento del déficit fiscal, pues con la agudización de la crisis fiscal y política el total de los ingresos fiscales cayó en un 60%, el comercio externo se redujo en un 72% y los ingresos internos en un 25%, para el financiamiento del presupuesto nacional los impuestos crecieron desde el 15% en 1924 al 24% en 1927, 38% en 1929 y el 63% en 1932. Se produce un agotamiento de las finanzas del gobierno y de las reservas de oro del Banco Central con lo que se decide suspender los pagos de la deuda externa en julio 1931[18], a la vez, se genera una crisis de

[15] Paul W. Drake, La misión Kemmerer a Chile: consejeros norteamericanos, estabilización y endeudamiento, 1925-1932, Cuadernos de la Historia, Departamento de Ciencia Históricas, Universidad de Chile, Julio 1984, pag. 31

[16] Camilo Carrasco A., Banco Central de Chile 1925-1964 Una Historia Institucional, cap. V pag.203-210

[17] Roberto Toso C., Alvaro Feller C., La Crisis Económica de la Década del treinta en Chile: Lecciones de una Experiencia, Serie de Estudios Económicos, Documento de Investigación N°21, septiembre 1983, Santiago

[18] Cuadernos de Historia, Departamento de Ciencias Históricas, Universidad de Chile, julio 1984, La Misión Kemmerer a Chile: Consejeros Norteamericanos, Estabilización y Endeudamiento, 1925-1932 pag. 31-39-41

confianza, especialmente por la declaración de moratoria de la deuda externa que provoca una fuga de capitales, corridas bancarias, mayor pérdida de reservas y una acción especulativa contra el peso. En 1931, ya la crisis imposibilita seguir manteniendo la plena convertibilidad del peso, se suspende el régimen de padrón oro instalado por la Comisión Kemmerer[19]. Las exportaciones e importaciones caen bruscamente con una reducción del 87% en 1932 en comparación con 1929, las exportaciones tienen un descenso del 71% y las importaciones una baja del 80%. Toda esta situación es señalada por el Banco Central en su Memoria de 1932 como un estado de autarquía forzosa. A esta incertidumbre generada por el estado caótico de la economía se sumó la inestabilidad política de los día previos a la caída de Ibáñez, provocando un ataque masivo al peso chileno, reflejado especialmente en fuertes retiros de depósitos en la Caja Nacional de Ahorro que hace que las autoridades decreten feriado bancario del 27 al 30 de julio, considerando que los acontecimientos políticos y la situación de los negocios hacía necesario un tiempo de suspensión para evitar posibles complicaciones que dificultaran las soluciones que imponía el momento que se vivía. Durante este tiempo se decretaron cambios legislativos para evitar la pérdida de las reservas de oro que se venían produciendo y que eran, a esa altura, menos de la mitad de las existentes en 1928.

La crisis económica en Chile que se manifiesta en la depresión de 1930 fueron principalmente de origen interno y externo. Sin embargo, el alto grado de apertura de la economía, la dependencia de ingresos en dos productos de exportación y el alto grado de endeudamiento externo hacían que la economía fuera altamente vulnerable a los cambios en las condiciones internacionales. Por esta razón, según un estudio en 1931 realizado por la Liga de las Naciones, Chile fue el país que sufrió con más fuerza los efectos de la depresión.

Independientemente de las líneas editoriales de los diarios, periódicos, revistas y publicaciones ocasionales para generar un discurso conforme a intereses políticos e ideológicos en particular, son capaces de ordenar los hechos en una secuencia cronológica lineal[20] y describir cada suceso, cada acción con la clásica "objetividad" que nos proporciona un cuadro de datos que podremos reconstruir con nuevas hipótesis.

En este cuadro de crisis económica, agravada por la anarquía política que implicó que cualquier proyección económica de mediano y largo plazo

---

[19] Idem

[20] Difiere a la que en forma natural utiliza Ramón Arellano Becerra en la que, en general, narra un hecho en que ha participado y que ha sistematizado en la siguiente relación: presente problematizado, ingreso al pasado en la búsqueda de elementos que permitan actuar en el presente para explicarlo y transformarlo y proyectarse al futuro, entonces la relación es presente pasado; pasado presente; presente futuro.

estuviera sujeta a una variabilidad excesivamente alta. Algunas de las acciones paliativas fue el mencionado Feriado Bancario durante el que se firmaron decretos y se lograron leyes rápidas, el no pago de la deuda externa en julio de 1931, y la decisión de rebaja de los sueldos de la Administración Pública y de las Fuerzas Armadas y Carabineros y, como se encontraba iniciada la sublevación, para la nueva rebaja de sueldos en septiembre 1931 consideran las siguientes condiciones para aplicar a los sueldos fiscales:

> *"Compelidos por esta circunstancia se ha resuelto lo siguiente: 1.- Cancelar, desde luego, sin rebaja alguna los sueldos líquidos iguales o inferiores a $3.000 anuales; 2.- Las remuneraciones líquidas superiores a $3.000 anuales se cubrirán de inmediato con una reducción que varía desde un 12% hasta un 30% para los sueldos más altos; 3.- Las reducciones del número 2 se pagaran tan pronto como sea posible; 4.- Para los empleados que obtengan sus sueldos en esta reducción, se rebaja a la mitad el servicio de los dividendos hipotecarios que están obligados en las Cajas de previsión. Santiago,1 de septiembre de 1931"*[21]

Las referencias bibliográficas

Un interesante trabajo y que escapa a la simple inscripción del hecho es "Gobierno y mecanismos de control social en Chile, La sublevación de la escuadra, 1931", Ruth Herrera U. y Rodrigo Barahona B., publicado en revista de Historia Actual, (V.8, 4/9/2010). En este artículo se usan los acontecimientos de la sublevación para poner en discusión de como el Estado hace uso de sus recursos tanto político, económico como militar para el control de una situación específica de la sociedad en su conjunto, apreciándose la aplicación de acciones represivas cada vez más integradas en la construcción del Estado en Chile y que con su práctica histórica y acumulación de experiencias en innumerables masacres a la población (Ranquil, Copiapó, Santa María, Pampa Irigoien, etc.), golpes militares, o el uso de los Estados de Sitios se conforma un modelo de represión aplicable ante cualquier situación que ponga en peligro al Estado y la clase política.

La preocupación de la historiografía sobre la Sublevación de la Escuadra se refleja en tesis que diferentes actores y testigos presenciales de los hechos han realizado, como lo son los casos de "Un episodio olvidado

---

[21] El Mercurio, 2 de septiembre 1931. "Condiciones precisas en que aplicaran los nuevos descuentos a los sueldos fiscales"

de la Historia Nacional (julio-noviembre 1931)"[22], "El Delegado del Gobierno y El Motín de la Escuadra" (1933)[23], y la "Relación Histórica de la Revolución de la Armada de Chile" (1934)[24]. En ellos se destacan visiones y posturas que se tienen de los acontecimientos. El primero destaca a los participantes que defendieron la República frente a estos acontecimientos y en los capítulos V y VI se refiere a la sublevación de la Armada de Chile propiamente tal, el segundo nos presenta una visión desde el enviado de gobierno, y el tercero hace la descripción de hechos de un participante del movimiento sublevado[25]. Otros textos, como "La Revolución de la Escuadra"[26] y "La Sublevación de la Escuadra y el Período Revolucionario 1924-1932"[27], nos proporcionan dos planteamientos opuestos a los anteriores ya que Patricio Manns pone el acento en lo que considera un proceso revolucionario fracasado[28], en el que el gobierno chileno intentó conseguir el apoyo de Estados Unidos y su Escuadra para suprimir el alzamiento, en cambio, Germán Bravo ve la Sublevación como el fruto de las perturbaciones políticas y la indisciplina militar que daba pie a la infiltración comunista de la flota chilena.

Debemos agregar dos novelas históricas: "Rebelión en la Armada" (1959), de Gustavo Mujica y "Destrucción" (1944), de Jacobo Nazaré quien nos relata la Sublevación desde lo emotivo, en que hay una mezcla de emociones consumidas por la incredulidad que se desprende de los acontecimientos: *"No puedo calificar la rebelión de las tripulaciones, sino como algo nacido de un sentimiento maternal purísimo, sin la menor contaminación ideológica; por lo tanto, tiene que ser justo en el fondo, como puede ser de inculto y arbitrario en la forma"*[29]. Para Gustavo Mujica, la sublevación es un eslabón más de la lucha del pueblo por su libertad: *"...creemos que la Sublevación de la Marina de Chile, forma un jalón importante de la lucha de nuestro pueblo por su liberación. El hecho en sí fue político y abortivo. Pero sus consecuencias han sido importantes"*[30].

---

[22] Leonardo Guzmán Cortés, Editorial Andrés Bello, 1966.

[23] Edgardo von Schroeders Sarratea (Valparaíso, 1883 - Santiago, 1956)· Almirante chileno, Inspector General de la Armada de Chile, puesto ocupado durante algunas semanas a principios de 1932, siendo el último oficial que fue comandante en jefe con ese título.

[24] José M. Cerda ex –grumete alumno de la Escuela de Maquinas, 1934

[25] El Almirante Von Schroeders fue enviado a Coquimbo a parlamentar con la Escuadra Amotinada, aunque para los escritores Patricio Manns y Carlos Charlín, su verdadera misión era la de dilatar la solución del conflicto para aplastarlo por la fuerza. Lo que finalmente sucede con el bombardeo en Coquimbo.

[26] Patricio Manns, Ediciones Universitarias de Valparaíso, 1972 - Chile - 160 pag. (incluye como anexo "Diario del Almirante Edgardo Von Schroeders, Delegado de Gobierno ante la Escuadra amotinada).

[27] Germán Bravo Valdivieso Ediciones Altazor, 2000 - History - 213 pag.

[28] Revolución como cambio social sublevación de la marinería

[29] Nazaré, Jacobo, "Destrucción", Editorial Europa, Valparaíso 1948, pág. 56

[30] Mujica, Gustavo, "Rebelión en la Armada", Editorial Chilena Santiago 1959, Prologo del autor.

En la indagación bibliográfica se encuentran distintos textos que se refieren de alguna manera a la Sublevación de la Escuadra, conforme el tema que importe a sus autores. En total se han recopilado trece libros para citar, de los más variados estilos[31] : "Del Avión Rojo a la República Socialista" (1972), de Carlos Charlín; "Alessandri, Agitador y Demoledor"(1954), de Ricardo Donoso; "Por Rutas Extraviadas" (1933), de Ramón Vergara Moreno; "El Festín de Los Audaces" (1933), de Alfredo Guillermo Bravo; "La Revolución de Julio" (1931), de H. Ochoa Mena; "La novela de Galvarino y Elena" (1995), de José Miguel Varas; "Recogiendo Los Pasos" (1988), de Tobías Barros Ortíz;" La Noche Quedo Atrás" (1963), de Jan Valtín[32] ; "La Armada de Chile"(1968), de Rodrigo Fuenzalida Bade; "Historia del Siglo XX Chileno" (2001), de Sofía Correa, Consuelo Figueroa, Alfredo Jocelyn- Holt, Claudio Rolle y Manuel Vicuña; "Socialismo y Populismo en Chile 1936- 1973 ", de Paul Drake; "Historia de Chile" volumen V (2001), de Gonzalo Vial y la memoria de titulación "Aproximación a la Historia del P.S. en la provincia de Coquimbo 1931-1961", de Alejandro Duarte Olivares y Celso López San Francisco. Además, existen tres artículos históricos: "Reflexiones en torno a lo acaecido en torno a la Armada de Chile en 1931" (2000), de Regina Claro Tocornal; "La Sublevación de la Escuadra", de Liborio Justo y "The Abortive Kronstadt: The Chilean Naval Mutiny of 1931" (1980), de W. F. Sater, de quien se refieren diferentes autores. El mas reciente es "A 85 años del motín naval chileno de 1931" de Carlos Tromben Corbalán, publicado en la Revista de Marina Nº 957 pp 60-87, se recogen aquí posturas de la existencia de infiltrados, pero en su propio decir su principal intención es "establecer lo más verazmente posible lo sucedido basándose en el análisis de los 36 tomos que contienen los expedientes de los procesos que se siguieron en diversas ciudades para establecer la comisión de faltas a la disciplina y delitos."(pp60).

Podemos despejar algunas tesis para explicar el hecho y que agrupadas las podemos sindicar como tesis conspirativas con diferentes versiones de infiltración; la tradicional tesis es responsabilizar al Partido Comunistas de Chile; por último, las tesis de carácter económico.

Personajes claves de los sucesos, especialmente en el proceso de negociación, como lo es el Almirantes Edgardo von Schroeders que instalan la sublevación como consecuencia de la agitación e infiltración que hacen elementos externos a la Marina de Guerra. Para ello se manifiestan formas diversas de infiltración: una señala que se habría producido una infiltración

---

[31] 7 Documentos testimoniales, 2 Historias del Siglo XX Chileno, Una Historia Institucional, Una Biografía Política y Una Memoria de Titulo

[32] En realidad Richard Julius Krebs, " Out of The Night

en el Reino Unido, aquí se hace referencia a lo que Donoso, Schroeders y Jeans consideran como decisiva: *"la agitación a que habrían sido sometidos los marineros que fueron enviados a Davenport. Dicho destacamento había viajado al Reino Unido a hacerse cargo del acorazado Almirante Latorre, que estaba siendo modernizado. Según esta versión, políticos exiliados por el presidente Carlos Ibáñez, reunidos en el llamado Comité Revolucionario de París, habrían iniciado una campaña de propaganda entre la marinería. Entre los exiliados se encontraba, de hecho, el propio ex presidente Arturo Alessandri, eterno rival de Ibáñez. Alessandri fue personalmente responsabilizado por Ventura Maturana, el jefe de la cuestionada policía política organizada por Ibáñez"*[33][34][35], sin embargo, esta tesis de infiltración no explica el casi instantáneo apoyo que la Sublevación concitó en el resto de los buques, en puertos y rutas, y en bases lejanas entre sí. El motín no se concentró solo en el *Latorre*, sino tambien en Valparaíso, Quintero y la Escuadra Activa que hacía ejercicios en Coquimbo. Otra referencia de infiltración es la que sindica como responsable a Ibáñez, pues se le une a actvidades realizadas por el almirante retirado Carlos Froedden, ex titular de Interior, Guerra y Marina en su gobierno. Von Schroeders aseguraba que aquel oficial habría visitado localidades cercanas a Coquimbo antes y durante la Sublevación. El delegado del gobierno acompañaba sus acusaciones con comentarios antisemitas acerca del mal concepto que le merecía el carácter de los judíos, como el ex almirante Froedden,[36/37] los actos conspirativos que ubiese hecho en sus visitas a Coquimbo no explican la simultaneidad con que se produce la sublevación en los mas diversos lugares.

En los días que dura la sublevación tanto en la prensa local como nacional, especialmente El Mercurio, y con posterioridad en la literatura historiográfica dominante aparece la tradicional hipótesis que encontramos en Pascua Trágica (1931) y Ranquil (1934) que señala al PC de Chile como responsable de generar la sublevación de la Armada de Chile en el marco de una revolución política y social dirigida desde Moscú. Se utiliza para explicar los hechos desde una visión del poder político dominante tanto en el momento de los acontecimientos como posteriormente. Esta es la hipótesis dominante

---

[33] Ricardo Donoso; *Alessandri agitador y demoledor*, Fondo de Cultura Económica, Ciudad de México, 1954.

[34] Edgardo von Schroeders; *El delegado del gobierno y el motín de la escuadra*, Impr. y Lit. Universo, 1933.

[35] Sebastián Jans, *Militares chilenos. La deliberante década 1924-1933*; patrocinado por Instituto Laico de Estudios Contemporáneos (ILEC), Santiago, 2004.

[36] De acuerdo al testimonio de Von Schroeders, Froedden estaba en un fundo en Ovalle o *"alojado en una quinta en los alrededores* (de Coquimbo)" (Edgardo von Schroeders; *El delegado del gobierno y el motín de la escuadra*, Impr. y Lit. Universo, 1933).

[37] Patricio Manns (1971) publicó fragmentos de un *"Informe secreto"* de Von Schroders al ministro de Guerra que hacía especial hincapié en sus sospechas hacia Froedden.

en la prensa de la época, así como en artículos y referencias posteriores de la historiografía nacional. Nadie de los identificados como infiltrados por la prensa era comunista al momento de la sublevación, algunos de ellos, al decir de Ramón Arellana Becerra, se hicieron comunistas mientras sostenían la huelga de hambre, en la penitenciaría donde habían sido trasladados, como una manera de potenciar la lucha por su liberación y, en el caso del llamado comodoro de los insurrectos, el técnico en telecomunicaciones Guillermo Steembecker, en los Consejos de Guerra nunca fue relacionado con actividades comunistas o de izquierda, más aún, había sido en Talachuano secretario de una asociación nacionalista de extrema derecha, la Liga Patriótica Militar. El Profesor Pedro Pacheco que es sindicado como comunistas por Ivan Ljubetic, pues *"participó en la insurrección y que fue uno de los condenados a muerte, amnistiados gracias a la presión popular"[38]*, sin embargo, nuestro entrevistado lo refuta, ya que se hicieron comunista en la cárcel.

Como una contra hipotesis, afirmemos que el Partido Comunista no tenía las condiciones de visión estratégica, capacitad táctica y organización que le permitiera infiltrar, organizar y dirigir una sublevación de tal magnitud, pues se encontraba a la salida de la dictadura de Ibáñez extremadamente debilitado, además que los consumía su discusión interna entre las posturas de Hidalgo y Lafertte (partido de asamblea o partido de células). El propio Ivan Ljubetic Vargas, en "La sublevación de la marinería" señala que *"Los comunistas no participaron en la gestación del movimiento de la marinería, ni tuvieron responsabilidad en su desarrollo, pero solidarizaron incondicionalmente con ese histórico alzamiento. "Nosotros, en Santiago - relata Elías Lafertte en su libro "Vida de un Comunista", publicado en 1971, - procurábamos por todos los medios, ayudar a los sublevados y contrarrestar las acciones de las guardias blancas, que ya se habían constituido y desfilaban militarmente por la Alameda para atemorizar a los obreros que miraban con profunda simpatía el movimiento de sus hermanos de clase"[39]*.

Por último, consideremos la perspectiva económica en que la hipótesis conduce a explicar los hechos desde las condiciones económicas del país que provocan la rebaja de sueldos de la administración pública, las FFAA y Carabineros provocando la sublevación de la marinería, algunas

---

[38] En el decir de Ramón Arellano, al igual que él, Pedro Pacheco se hace militante comunista cuando constituyen una célula comunista al interior de la penitenciaría en Santiago (después de una visita realizada por Elías Lafertte) como una forma de coordinar el apoyo por su liberación que hacían organizaciones sociales y, para coordinar la huelga de hambre que esperaban hacer. Dicha huelga se concretó (ver Diario de una Huelga de Hambre de Ramón Arellano).

[39] Ivan Ljubetic Vargas, El Círculo Virtual de Estudios Históricos-Políticos entrega una reseña de los hechos.

manifestaciones de unidades de carabineros y, en el caso del ejército la toma del Regimiento Maipo con asiento en Viña del Mar y sometido por las armas. Aquí el acento se pone en la reivindicación económica.

Ante la rebaja de sueldos de más de un 30% por parte de las autoridades de gobierno, como medida para paliar la severa crisis económica nacional y déficit fiscal, la que afectó a toda la administración pública, incluyendo a las fuerzas armadas, lo que minaba la ya precaria vida de las tripulaciones de la Armada Nacional, sobre todo de los suboficiales, marinos, y obreros navales del Apostadero de Talcahuano. Ellos al no tener una respuesta favorable desde la *"verticalidad del mando por parte de su institución"*, y dentro del proceso de descomposición de la disciplina castrense, iniciaron un movimiento reivindicativo que no logró apoyo real de los partidos políticos, organizaciones sindicales y la propia administración pública que estaba tan afectada como los marinos, salvo, el de solidarizar mediante declaraciones y algunas manifestaciones aisladas y sin fuerza que fueron incapaces de obligar al gobierno a considerar que la sublevación era un problema entre otros, por lo que debía enfrentar una sublevación generalizada. La que no fue.

José M. Cerda en su "Relación Histórica de la Revolución de la Armada de Chile" responsabiliza a los oficiales de ser los culpables de la sedición (como más adelante veremos, lo hace también el BSA en su carta 04/09/193[40]). Pero particularmente presenta un enfoque único y peculiar, el de una fractura en el movimiento de los marinos, el de la Escuadra del Norte enfrentada con la Escuadra del Sur, divididas por la participación activa de los oficiales en la primera y por la ausencia total de ellos en la segunda. Cerda cita: *"Nosotros los del Sur notamos desde un principio que los dirigentes de la Escuadra Norte no obraban ni dictaminaban de acuerdo con sus opiniones, sin antes tomarles parecer a los oficiales."[41]*.

Así se acentuaban las diferencias:

> *"... Nuestro comité del sur obraba con energía y sin apelar a los oficiales"[42]*. La crítica a esta deslealtad no podía ser menos dura: *"En atención a estas expresiones y de otros argumentos de diversos miembros del comité ejecutivo de la Escuadra del Norte, comprendimos que dicha flota estaba entregada a los oficiales traicionando nuestra causa y que con su actitud estaban representando una comedia de lo más infame y*

---

[40] Archivos 1931-1932, Documento 10, carta desde la sede del BSA al Lender- Secretariado Latinoamericano a Moscú, 04/09/1931, pág.19.
[41] Cerda, José M, Relación Histórica de la Revolución de la Armada de Chile, Editorial Rafael Merino, Concepción, 1934, pág. 49.
[42] Ibíd, pág. 51

abominable"[43].

Esta es otra factible ventana de estudio que nos ofrece esta investigación: la fractura interna del movimiento sublevado.

En la "Historia del Siglo XX Chileno", la atención descansa en la forma de acceso al poder por parte de las F.F.A.A. y el derrocamiento de los gobiernos, todo ello enfocado en la división entre oficiales y suboficiales, soldados y tropa:

> *"El gobierno tuvo que reprimir severamente varios intentos insurreccionales. No era para tomarse a la ligera la sublevación de la marinería y los suboficiales de la Escuadra Nacional ocurrida en Septiembre de 1931, a la cual adhirió el Partido Comunista y la FOCH, que exigieran además de las mejorías en sus sueldos y ascensos, la subdivisión de la tierra y el* cambio de régimen social... *Este episodio se asemeja demasiado a la experiencia de los soviets de los soldados y obreros de la Revolución Rusa... Quizá porque estos movimientos insurreccionales tuvieron su origen en* suboficiales y soldados, *el gobierno, en ambos casos, contó con las Fuerzas Armadas para aplastarlo"*[44].

Una tentativa conclusión señalaría que cuando los oficiales son los sublevados, caería el Estado y el gobierno, al no tener ningún resguardo militar como respaldo represor, o intimidante, lo que en este caso no se dio, al no ocurrir un alzamiento de oficiales sino de la tropa, ante lo cual el movimiento se habría abortado.

Otra obra, que no se puede dejar de citar, es "La Noche Quedo Atrás", pues ha sido esta la que influenció hondamente en muchos de los trabajos y estudios posteriores de nuestra historiografía. Aquí, la sublevación de la Escuadra es presentada como una genial acción de la Komintern, en su trabajo de financiar, infiltrar y provocar la revolución social:

> *"Entonces no se entreveía siquiera que en Septiembre de 1931 el Komintern haría en Chile, durante la campaña presidencial, una seria tentativa para conquistar el poder en ese país. La vida de toda la nación se vio paralizada por*

---

[43] Ibíd, pág. 52. En la obra se cita además de la sublevación de la Escuadra, el instinto de apoderarse de un regimiento en Copiapó, hecho conocido como la

[44] Correa, Sofía; Figueroa, Consuelo; Jocelyn Holt, Alfredo; Rolle, Claudio; Vicuña, Manuel; "Historia del Siglo XX Chileno", Editorial Sudamericana, Santiago 2001, págs. 107-108.

huelgas y disturbios. Lanzóse la consigna "todo el poder a los soviet". La flota chilena se amotinó, ocupando los amotinados las bases navales. Se declaró la ley marcial y ochenta aviones del gobierno bombardearon y ametrallaron a los amotinados. La revuelta fue ahogada. Trescientos veinte rebeldes murieron en la lucha. Un grupo de dirigentes fue condenado a muerte y muchos más entraron en las cárceles[45]

.

Se podrían comentar múltiples variantes de estas líneas pero estimo que Carlos Charlín en el siguiente texto explica muy bien el constructo ideológico:

"en esta mixtificación de los hechos lo que el autor ha podido reconstruir de testigos fidedignos que relataron algo muy distinto. La tergiversación de la influencia del Komintern en lo ocurrido en Septiembre de 1931 hace perder veracidad a otras narraciones de la novela seudohistórica de Valtín, que pudo haber tenido méritos si el autor se hubiera preocupado de documentarse antes de describir algo tan fácil de verificar. Primero, jamas el Komintern hizo nada por provocar la sublevación. Pudo haber llegado abundante propaganda comunista a manos de algunos tripulantes y, punto. Pero un adiestramiento previo, una conspiración de los marineros y un plan de sedición elaborada por el Komintern fueron total y absolutamente falsos, porque a la Armada de Chile no le interesaba la Rusia de ayer, como a ésta no le preocupaba una revolución chilena...[46].

En "Reflexiones en torno a lo acaecido en la Armada de Chile en 1931", se defienden los postulados de una supuesta infiltración marxista dentro de la Escuadra, señalando como nefasta la conducta de quienes desempeñarían los roles de autores intelectuales y materiales del movimiento:

"Pero en realidad no era él el jefe, sino dos personajes que no pertenecían a la Marina y que desarrollaban el oficio de

---

[45] Valtín, Jan; "La Noche Quedo Atrás" Impreso en México,7a Edición Septiembre 1963, pág. 262.
[46] Charlín Carlos, "Del Avión Rojo a la República Socialista", Editorial Quimantú; Santiago 1972, pág. 493

cabos despensero[47] Manuel Astica y Augusto Zagal. Entraron junto con otras nueve personas a la Armada por concurso, y se embarcaron en el Latorre. El error fue no extrañarse que un profesor y periodista, como era Astica, y Zagal proveniente de una familia acomodada, con V año de Derecho y dos hermanos profesionales, se interesasen por tan humildes puestos en la Escuadra. Era obvio que no tenían vocación y que estaban allí a la espera de una ocasión propicia para incitar a sus compañeros a rebelarse"[48].

A estos dos hombres se les asigna toda responsabilidad e intervención de una supuesta orquestación y *"contactos internacionales cuando no se aquilataban los grandes peligros del comunismo ni sus métodos para alcanzar el poder universal"[49]*. Así, se le atribuye al P.C. Chileno y al marxismo internacional mediante la Komintern, un poder y una fuerza de nivel organizacional conspirativa de gran alcance, lo cual no calzaría con el debate interno del P.C. local y una teórica intención de la "revolución social" con una directa política previa que requeriría un nivel logístico muy desarrollado para poder adiestrar en el espionaje, el complot y la infiltración clandestina de una institución como la marina de Chile. Esta labor se habría manifestado según la historiadora Regina Claro Tocornal en:

"... una hebra subyacente que espera paciente las condiciones para provocar el suceso en cada región, de acuerdo a sus características propias... Esa influencia presente en las tres Armadas[50] es la clandestina penetración de agentes marxistas..."[51]. Toda esta orquestación se vería consumada en Chile a través del alzamiento de la escuadra, debido a la labor de agentes externos a dicha fuerza naval: *"Nuestro Acorazado[52] fondeó el 12 de Abril de 1931, en Valparaíso, habiendo incrementado su dotación en Arica con once cabos despenseros civiles, entre ellos Astica y Zagal, peones fundamentales colocados allí para realizar su labor de zapa en un país agitado por el descontento"[53]*. Debemos considerar

---

[47] Despensero: Ayudante contable, nada tiene que ver con la "despensa de víveres"
[48] Claro Tocornal, Regina; "Reflexiones en torno a lo Acaecido en la Armada de Chile en 1931", en Boletín de la Academia Chilena de la Historia, Año LXVII N°110, Santiago, Diciembre 2001, pág. 9.
[49] Ibíd, pág. 30.
[50] En el estudio se investigan las sublevaciones de las Armadas Chilena, peruana e inglesa.
[51] Ibíd, pág. 28
[52] El Acorazado Almirante Latorre.
[53] Ibíd, pág. 28.

que se sobrestima el papel desempeñado por estos cabos, si no se tiene en cuenta el ambiente o la existencia de un "caldo de cultivo" realmente propicio para causar el desquiciamiento de la Marina Chilena y esta es la participación política de las Fuerzas Armadas desde 1924, reiteradamente presionando a la autoridad, tomando y usando el poder a lo menos durante 6 años, proceso que culminaría con la instauración de la República Socialista, en el cual el mundo militar plantearía todo su plan de reformas sociales y laborales.

En "Socialismo y Populismo en Chile 1936-1973", la lectura que se realiza de la insurrección de la Escuadra es la del imaginario político que refleja la sublevación, en el escenario país:

> *"La rebelión naval, que comenzó como un insurgimiento limitado y reformista de la clase media ante los bajos sueldos y frente a la indiferencia de los superiores de la clase alta, se fue haciendo cada vez más radical en respuesta a la reacción exagerada por parte del Gobierno. La administración interina estaba dominada por el pánico y las elites, nerviosas. Establecían paralelos con la Revolución Rusa y catalogaban a la rebelión de amenaza comunista y militarista. En la práctica, la Izquierda Marxista y los trabajadores organizados no trataron de fomentar el motín ni consiguieron sacar partido de él, pero sus declaraciones solidarias y sus reuniones políticas alimentaban los temores de las clases media y alta. En las mentes de muchos se reforzaba una relación entre los militares y los peligros de la Izquierda. La gente asociaba el llamado de los oficiales más jóvenes al cambio de 1924-1925, algunas de las reformas de Ibáñez y* el motín *con el temor de que cualquier desafío a la autoridad constitucional pudiera ser la antesala de esa revolución."*[54]

El movimiento generado desde una protesta de reivindicación laboral necesitaba un marco de apoyo, una base popular más amplia para triunfar o pretender presionar a un gobierno duro e inflexible, que si bien entendía su "error administrativo", no cejaba en aplastar la sublevación en forma ejemplarizadora. Así acercaba a los amotinados "por fuerza" a llamados y

---

[54] Drake, Paul; "Socialismo y Populismo en Chile 1936-1937", U. Católica de Valparaíso, 1992.

políticos más cercanos a la de un cambio social:

> *"Los marinos protestaban porque se les había bajado los sueldos debido a las reducciones de presupuesto fiscal. Luego de solicitar a un nivel interno un mejor pago y mejores condiciones de trabajo, los rebeldes ampliaron su llamado para pedir que se les aplicara impuestos más altos a los ricos y que se redistribuyera el crédito a los más necesitados. Con el n de ganarse el apoyo de los grupos de izquierda del territorio continental, pidieron insistentemente ayuda para los desempleados, protección para la industrialización y subdivisión de la tierra agrícola. En respuesta a un inflexible ultimátum por parte del Gobierno, los frustrados amotinados declararon su solidaridad con los trabajadores, la FOCH, y el Partido Comunista. Pidieron una "Revolución Social"*[55]

El P.C. chileno y el Komintern

Al momento de la Sublevación de la Marinería, el contexto nacional del P.C. chileno no era uno de los más favorables. Llevaba poco tiempo tratando de sobreponerse a la dictadura de Ibáñez, durante la cual, el partido fue proscrito y sometido a persecuciones. Pero, lo que más afectaba al funcionamiento del partido era su fraccionamiento interno, causado por las pugnas y posterior expulsión de los denominados "Hidalguistas", los que fueron acusados de asociarse con la burguesía y manifestar desviaciones Trotskistas dentro del partido. Ellos fundaron el Partido Comunista Unificado:

> *"... dos grupos autodenominados comunistas, empiezan a actuar por separado, obedeciendo a sus propios dirigentes. De ese modo se organizan como partidos distintos, uno reconocido por el Bureau y el otro en oposición a éste. Al final de la dictadura ibañista el Partido Comunista presentaba un panorama desolador: pocos militantes, células desarticuladas, dirigentes relegados, escaso trabajo sindical y dos bandos que reclamaban la legitimidad partidaria".*[56]

---

[55] Idem.

[56] Pérez Ibaceta, Cristián, "¿En defensa de la Revolución? La expulsión de la Izquierda Comunista 1928-1936",

"Por un Rojo Amanecer: Hacia una Historia de los comunistas Chilenos"; compiladores Loyola, Manuel y Rojas, Jorge; Abril 2000, pág. 170

Pero, ¿eran estos los únicos problemas que tenía el partido?, ¿la articulación regional dentro del país, también presentaba trabas en el trabajo por la revolución social?

La respuesta pareciera ser que sí, pues la crisis del partido durante la dictadura había socavado sus bases y su orgánica interna, sobretodo de comunicaciones con las provincias:

> *"Hacia 1931, la estructura de organización del Partido Comunista, caracterizado por el localismo, asambleísmo y los liderazgos suprapartido, además del propio aislamiento político que lo imposibilitaba actuar plenamente en la vida política del país, reflejó toda su incapacidad orgánica para enfrentar las nuevas condiciones que aparecían en la vida nacional"* [57]

Entonces, ¿cuál era la real capacidad del P.C. para preparar la revolución social?

Al parecer nula o, casi nula, o a lo menos, muy escasa. A lo más alcanzaba para plegarse simbólicamente al movimiento de la sublevación de la Marinería, para tratar de apoyarla y llevarla sistemáticamente hacia sus postulados políticos. Posteriormente la historia del partido terminaría convirtiendo a estos hechos en un hito revolucionario. Pero en septiembre de 1931, la realidad del partido no respondía a las circunstancias:

> *"La transición para el P.C., es un problema más interno que de intervención en la lucha por el poder... Que así era, es decir, que el momento más bien interpelaba por las circunstancias internas que "tensionaban al Partido", lo demuestra su incapacidad para intervenir en situaciones de explosión social espontáneas, como las ocurridas en los casos de la sublevación de la Marinería (septiembre de 1931), o en los sucesos de Copiapó y Vallenar (diciembre de 1931). "* [58]

Cabe recordar, que el P.C. chileno ya había comenzado el proceso de bolchevización de su política interna, abandonando la lógica de realizar un análisis local del propio acontecer del país, para cada vez más acercarse a acatar las directrices emanadas desde la U.R.S.S., y su órgano internacional,

---

[57] Palacios Ríos, Germán, "El Partido Comunista y la Transición a la Democracia después de la Dictadura de Ibáñez" artículo del libro "Por un Rojo Amanecer: Hacia una Historia de los Comunistas Chilenos"; compiladores Loyola, Manuel y Rojas, Jorge; Abril 2000, pág. 151
[58] Ibíd, pág.149.

la Komintern. Así, el partido tomaría un giro que lo llevaría por el camino de la supuesta "depuración" de todos aquellos miembros que mostraran desviaciones (como el caso Hidalgo), según la opinión "experta" de los encargados de llevar la revolución a todo el mundo, en nuestro caso, Sudamérica, por intermedio del B.S.A.

En este punto podemos plantearnos sendas preguntas: ¿Qué dicen los documentos? ¿Existió al momento de la Sublevación de la Marinería una política previa de infiltración, afiliación de miembros o movilización dentro de la Escuadra? A través del análisis de 11 documentos que se refieren a la Sublevación de la Escuadra, se puede apreciar que la constante en ellos es la *fuerte crítica al P.C. Chileno durante su desempeño en la coyuntura de los hechos.* Se puede descubrir la falta de una política previa destinada a infiltrar a la Marina de Guerra del país, y la de un discurso relacionado con la captación de miembros entre la tropa. Con respecto a esto, los documentos nos muestran dos etapas, la primera relacionada directamente con las peticiones que realiza el B.S.A. (Buró Sudamericano), al Comité Central del P.C. Chileno, durante el transcurso de la sublevación, momento en el cual se insiste en la adopción de una postura agresiva de toma de la dirección del movimiento, y luego la queja y la recriminación ocasionada por la perdida de tan "magnifica coyuntura revolucionaria".

Con respecto a la exigencia de articular una fuerte ligazón con parte de las fuerzas armadas por parte de miembros del partido, los llamados son constantes y apremiantes para los comunistas chilenos, pensando en el momento próximo de la sublevación de la marinería, el cual explotaba sin una organización por parte del P.C.:

> *"...el partido puede asumir la dirección del movimiento revolucionario llevando el movimiento de los obreros, campesinos, indios, soldados y marinos, de los artesanos, pequeños comerciantes, etc. hacia la victoria"[59]*

Los llamados trataban de aunar todos los esfuerzos posibles en función de conseguir la conformación de un amplio frente de acción, que permitiera conducir lo que se creía era la ya cercana revolución social, todo esto tratando de vincularse por medio de las demandas sociales o laborales de los marinos y soldados: *Tenemos que hacer grandes esfuerzos para conseguir una influencia segura y orgánicamente fundada sobre las marinerías y soldados. Por eso les proponemos realizar manifestaciones de*

---

[59] Archivos 1931-1932, documento 11, Carta del Buró Sudamericano de Komintern al Comité Central del P.C Chileno, 07/09/1931. Pág. 21.

*simpatía y solidaridad, enviar delegaciones obreras y de la FOCH a los marinos y soldados, para restablecer una ligazón más estrecha y realizar la lucha en común (*el trabajo iniciado por uds. en ese sentido hay que seguir reforzándolo*). Tenemos que hacer nuestras, las reivindicaciones de los soldados y marinos propagándolas; tenemos que luchar por la formación de una organización de soldados y marineros por su derecho a aliarse al Partido Comunista y a la FOCH"*[60]

Es destacable aquí, como se hace notar un trabajo que estaría realizando el partido para tratar de conducir la sublevación, a pesar de lo cual no se constata en que forma y sentido se manifestó, lo cual nos habla de un trabajo a posteriori de ocurridos los eventos.

Es más, el llamado era urgente para establecer las "células" por parte del partido, tan características de la política del P.C. chileno: *"Tenemos que penetrar en el ejército y la Armada organizando allí nuestras células"*[61].

La segunda etapa corresponde a la abierta crítica del BSA con posterioridad a la sublevación, por la nula organización y trabajo previo del partido en los eventos de Septiembre de 1931: *"La impotencia del Partido para ligarse con los marineros durante los acontecimientos, muestra la falta de trabajo entre los soldados y marineros, constituye una gran falla del trabajo del Partido"*[62].

La consigna del P.C. sólo podía girar en torno a consolidar un amplio frente popular, en su conformación de clase, que apelara o constituir un bloque poderoso de lucha social y política. Pero las directrices existentes no se concretizaron en la práxis del movimiento, debido a la debilidad interna del propio partido, por lo tanto, debían de realizarse en el futuro más cercano: *"Debe crearse una vasta organización juvenil y reclutar un buen número de mujeres obreras y crear células en los más importantes cuarteles y barcos de guerra"* [63]

Fruto de la propia visión construida por los teóricos de la revolución, se elaboraron pautas para el P.C. chileno, para que realizara una abierta política orientada hacia la masificación del movimiento, por lo cual uno de los puntos estaba dirigido exclusivamente a la labor de inclusión de los marinos al partido, y sobretodo en concretizar una ligazón articulada en la ayuda que se pudiera prestar a los presos detenidos luego del fracaso de la sublevación:

"La vasta actividad realizada por el Partido en solidaridad

---

[60] Ibíd, pág. 23.
[61] Ibíd, pág. 25.
[62] Archivos 1931-1932, Documento 18, Tesis del BSA de la IC sobre las grandes luchas revolucionarias del proletariado chileno, 04/12/1931, pág. 62.
[63] Idem

con los marineros sublevados, debe transformarse en la influencia orgánica entre la marinería (células de barco, fuentes, etc) y en la transformación de los miles de marineros que han participado en ese movimiento y que son dados de baja en propagandistas y organizadores del movimiento revolucionario entre los obreros y campesinos, especialmente entre los cesantes, a los que están ligados. Hay que establecer fuertes vinculaciones con los marineros que son licenciados o quedan en los barcos, formar comisiones del Partido y la juventud que trabajen entre los marineros, hacer reuniones y constituir comisiones de marineros mismos, asambleas de autocrítica sobre la sublevación, sin tratar de ocultar nuestros propios errores. Una gran cantidad de esos marineros deben ser incorporados al Partido. Actualmente el Partido tiene gran simpatía y vinculaciones entre los suboficiales que han dirigido la sublevación. Eso es bueno pero completamente insuficiente. Directamente y por mediación de esos suboficiales el Partido debe establecer fuerte vinculación con los marineros mismos. Quinientos marineros de entre los licenciados y los que quedan en la Armada deben ser ganados como aliados al Partido "[64].

Otra constatación de la carencia de trabajo en este sentido, se hace notar en la siguiente cita: *"No hay núcleos firmes del Partido entre los ferrocarriles y faltan por completo en los marítimos"* [65]

Todas las tesis conducían a los errores y flaquezas del P.C., y por ello los análisis últimos de los hechos por parte de las altas autoridades de la III Internacional, apuntaban hacia la debilidad del partido, por no haber podido sacar provecho de la "situación tan favorable", estimada así desde fuera de los hechos. Así todos los dardos se dirigieron contra los dirigentes locales y su nefasta actuación ante la eventualidad que se consideraba desperdiciada:

"En la sublevación de la marinería, se pusieron de manifiesto aún más evidentemente las debilidades del Partido, debilidades que determinarían el comienzo de los movimientos espontáneamente y no organizados por él, a pesar de la parte fundamental tenida por el partido en su provocación mediante la acción general de la propaganda contra la dictadura

---

[64] Ibíd., pág. 63.
[65] Idem.

fascista y el hambre"[66].

Por ello, en su gran mayoría los documentos son la ratificación critica de la falta de trabajo, con respecto a puntos vitales y estratégicos de infiltración no realizados: *"En la Marina no solo no hubo ningún principio de organizaciones, sino ni siquiera la propaganda había llegado a ella y tampoco hubo ligazones orgánicas en el pasado"[67].*

Toda esta crítica implicaba la consecución de un poderoso aliado para el partido, si se invertía en el momento, con un fuerte trabajo futuro, que aseguraría la consolidación del partido y la incorporación de un magnifico aliado para la causa:

> *"Una tarea formidable es la que está reservada al partido, al SRI y a la FOCH entre los millares de marineros que simpatizan actualmente con nosotros y que requieren una atención especial. Los marineros pueden darnos centenares de agitadores y propagandistas de la revolución bajo la dirección del partido. Tengo la impresión que el partido no presta aún la suficiente atención a estas tareas, no obstante contar con ciertas ligazones. No se trata de ganar a algunos de los jefes vacilantes sino a toda la masa, formando células en los barcos, cuarteles, prisiones, islas, etc. El partido debe asegurar un serio trabajo de capacitación a los nuevos cuadros y a los elementos ganados de la marinería"[68].*

Aún así, la crítica es despiadada, sobretodo si se ve unida a la aparente presencia de enemigos infiltrados dentro del movimiento, lo cual constituiría un serio riesgo para el propio partido y su trabajo de ganarse las simpatías de los marineros:

> *"Nuestra falta de influencia en el campo ha constituido una de nuestras más grandes debilidades en el curso de la insurrección, así como la* falta de trabajo previo a la insurrección entre los marinos ... *y soldados"[69]. "Si entre los suboficiales hay algunos que se han ganado para el partido, otros, antes de estar en la marina, fueron agentes de propaganda anticomunista a sueldo de organizaciones*

---

[66] Ibíd., pág. 69.
[67] Archivos 1931-1932, Documento 19, Discusión sobre la cuestión chilena (discurso del compañero López), 09/12/1931, pág. 73.
[68] Ibíd, pág. 83.
[69] Archivos 1931-1932, Documento 20, Discurso de González Alberti 19/12/1931, pág. 88.

clericales y político burguesas"[70].

Otro punto importante que ya hemos mencionado se trata en la " Carta desde la sede del BSA al Lender Secretariado Latinoamericano a Moscú ", del 04 de Septiembre de 1931, primer documento donde se destaca la sublevación de la marinería, en el cual llama la atención que este hecho fundamental en importancia se mencione después de tratar el "tema Hidalgo " (dentro de las pugnas internas del Partido Comunista Chileno ya mencionadas anteriormente), dirigente del que se declara su expulsión desde hace un año, y que debido a la clandestinidad no se pudo comunicar anteriormente durante la Dictadura de Ibáñez. Hidalgo es considerado con su candidatura presidencial el enemigo número uno del partido. Así el levantamiento de la marinería se plantea en segundo plano por el P.C. chileno[71], demostrando que las prioridades políticas que se manejaban en el interior de la estructura local se manejaban ya en este momento desde fuera de la dirigencia local, por los jerarcas enviados por Komintern, en el Bureau Sudamericano (BSA).

También destaca la visión que se rescata del movimiento de sublevación por parte del BSA con respecto a la gestación de los hechos y del rol que jugaron los oficiales en ellos y el real motivo de conflicto interno, detonado por los acontecimientos:

"Hace unos días atrás se desencadeno la insurrección de toda la Armada. En las guarniciones y la artillería costera reina una fuerte efervescencia. La causa directa del movimiento fue la reducción del 30% de los sueldos por nuestro gobierno. *Los marineros exigían conservar el antiguo sueldo y formar el gobierno que lo garantizara. El movimiento no está todavía maduro. Aunque los marineros arrestaron una serie de oficiales, muchos oficiales todavía tenían gran influencia sobre el movimiento. La prensa escribe que en el movimiento participan cerca de 200 oficiales. La cantidad de marineros es aproximadamente de 4.000. El comité de los marinos muchas veces declara que* no están bajo la influencia comunista sino luchan solamente por sus antiguos sueldos. *Nuestro partido y la federación sindical chilena* trataron de vincular el movimiento de los obreros con el de los marinos. *En una gran manifestación masiva en defensa de los marinos y los obreros que se realizó en Santiago participaron según la prensa decenas de miles de personas. La delegación de la federación sindical chilena subió*

---

[70] Idem.

[71] Pie de página de los Archivos 1931-1932, Documento 10, pág. 18 de la historiadora Olga Ulianova.

a bordo de un gran acorazado[72]/ 29.500 toneladas / donde trabaja el comité de los marinos. Sobre el recibimiento brindado por la delegación etc. todavía no sabemos nada"[73].

Podemos resaltar diversas reflexiones de esta cita. Primero, analizar de cómo entendieron los hechos desde el BSA. La sublevación estalla por la baja de sueldos de un 30% y no por la infiltración comunista de agentes de Komintern, el comité de los marinos rebeldes negaba toda influencia comunista y era el Partido Comunista chileno quien trataba de vincularse al movimiento por medio de manifestaciones, paros y el apoyo de miembros de la FOCH quienes debían parlamentar con los amotinados. En cuanto a los , se temía por su influencia referida en la "participación de 200 oficiales" (Olga Ulianova plantea que tal vez se trata de los suboficiales, que sí jugaron un papel importante en la sublevación, aunque no descarta la participación de oficiales por las autobiografías de algunos marinos chilenos que lucharon en la Guerra Civil Española), coincidiendo con la tesis de José M. Cerda quien manifiesta: *"Los culpables más directos fueron los oficiales. Ellos contribuyeron a alentar a sus subordinados y tomar parte en el movimiento siendo en muchos casos los promotores"[74].* Al respecto, Ramón Arellano Becerra en su entrevista plantea que los oficiales estaban de acuerdo con realizar algún tipo de manifestación, pues la rebaja también los afectaba, sin embargo, en el último momento no participan y no ponen resistencia a su detención en sus camarotes, tanto los que se encontraban de guardia como los que regresan de la comida en la Intendencia.

Estos hechos no han sido bien analizados por nuestra historiografía. Por otra parte también existe la otra cara de la moneda, fundada en el temor que se tenía por el grado de influencia que podían ejercer los oficiales sobre los marinos, lo cual coincide lo referido en la "Historia del Siglo XX Chileno":

> *"Nosotros los comunistas nos hemos pronunciado siempre por el mejoramiento de la situación de los marineros y los soldados, por la ampliación de sus derechos frente a los oficiales. Por eso es que apoyamos con todas fuerzas a la lucha de los marineros contra la rebaja de sus sueldos. Si la dirección de los marinos trata de debilitar la ligazón del movimiento con las masas obreras y con el Partido*

---

[72] El Almirante Latorre

[73] Archivos 1931-1932, Documento 10, op. cit. Pág. 10-11.

[74] Cerda, José M., op. cit., pág. 103.

Comunista, eso no impide nuestro apoyo decidido a las reivindicaciones de los marineros. Reconocemos en este hecho que todavía los oficiales reaccionarios tienen influencia en este movimiento grandioso. *Saludemos la lucha de los marineros y destacamos que dentro de poco gran parte de ellos* reconocerán en los oficiales sus enemigos"[75].

Nuevamente la historiadora Olga Ulianova en pie de página se refiere a este punto, destacando que "la visión del BSA del movimiento de la marinería es a favor de un corte horizontal, tropa contra oficiales, como en el acorazado "Potemkin" y no como un movimiento gremial de los marinos" (según Arellano Becerra, siempre fue una reivindicación económica que después tuvo expresiones sociales. La estructura del movimiento no es gremial, es una estructura militar con un Estado Mayor de los sublevados)

Ya, para los años 1933-1934, la visión de la Sublevación de la Escuadra adquiere un giro en la interpretación de Komintern para este caso. A pesar de la fuerte crítica del proceder del Partido Comunista chileno, la sublevación es vista como parte del "auge del movimiento revolucionario nacional", y luego como un hito de la lucha de masas y de la historia del P.C.: *"En 1931 tuvo lugar una insurrección de los marinos de la Armada de Chile que fue la expresión de la creciente radicalización de las masas trabajadoras"*[76]. A pesar de lo cual las críticas no dejan de estar presentes, como por ejemplo en la siguiente cita: "En 1931 durante la insurrección de la Armada el P.C. la apoyo con las manifestaciones masivas pero con retraso. No lanzo además consignas políticas concretas (solo una consigna general de los soviets), no se comunicó directamente con los marineros rebeldes"[77]

Luego, la sublevación de la Escuadra será añadida al listado "épico" de los movimientos de masas del país: "Recordamos como fechas sobresalientes en las luchas de masas de este país, después de la caída de Ibáñez, *el movimiento de la marinería*, la matanza de Copiapó y Vallenar y en el año 1931 la huelga del 11 de Enero, los movimientos huelguistas del mes de Junio, la formación de soviets en Santiago y en otras partes[78]

A pesar de tanta crítica y del peso de los hechos, el imaginario nacional, los políticos y el propio P.C. atribuyeron la gestación y

---

[75] Archivos 1931-1932, Documento 11, op. cit., pág. 22-23.

[76] Archivos 1933-1934, Documento 16 "Características de Chile en documentos del Lender Secretariado Latinoamericano", 1933

[77] Idem.

[78] Archivos 1933-34, Documento 19, "Discusión sobre la situación Chilena en el Buró Sudamericano de Komintern, Intervención de Fritz Glaufbauf (Diego), Marzo de 1934.

organización inicial de la sublevación de la marinería a la mano comunista, cuando ellos actuaron tardíamente, y los documentos revelan que trataron de ligarse al movimiento, apoyándolo con huelgas que no propsperaron y el envío de delegaciones de la *FOCH* que nunca fueron recibidas, todo ello, como hemos visto, después de detonados los acontecimientos. Cuando los marinos sublevados llamaron a la *"revolución social"*, el movimiento se encontraba ya en un proceso de fracturación de tal magnitud que se discutía, por parte de las tripulaciones de varios barcos, el abandono del moviento. Fue entonces, caundo el estado Mayor decidió hacer un llamado general de caracter político social y lograr apoyo de la población civil. Fue un intento fracasado.

Capítulo II: Ramon Arellano Becerra

Relato de vida

> *Con las conversaciones realizadas se ha organizado este relato que contempla tópicos de carácter general, que hemos denominado, relato de vida, en que don Ramón responde preguntas abiertas y que abarcan períodos o etapas de su vida, desde su nacimiento hasta convertirce en Profesor Normalista, su matrimonio, su ingreso a la Armada de Chile y los sucesos de la sublevación en que participó. El inicio de su vida política y sus últimas actividades antes del Golpe Civicomilitar de septiembre 1973.*

Quién nos proporciona este relato de vida es don Ramón Arellano Becerra, casado con Emma Sepúlveda, padre de 4 hijos. Sus padres fueron Ramón Arellano González y doña Doraliza Becerra. En 1927 se tituló como Profesor Normalista en la Escuela Abelardo Nuñez a la que llego desde Chillán y al año siguiente ingresó a la Armada de Chile como Preceptor de la Armada (Profesor embarcado). Fue comerciante, estuvo relegado en el gobierno de Gonzalez Videla, asumió como Director de una Escuela de Segunda Categoría, Regidor en San Miguel, luego Alcalde de esa comuna. Ingresó al Partido Comunista despues de los acontecimiento de la sublevación, durante la huelga de hambre que se sostenía en la carcel. Al momento de hacer este relato es jubilado y retirado de la actividad laboral, política y social.

¿Qué nos puede decir de su vida, dónde nace, condiciones en que vivía, cómo llega a la Normal de Chillán?

Nací en Santa Niche, comuna de Empedrados en el Dpto. de Constitución, el 13/12/1905. Soy el menor de cinco hijos varones, y recuerdo que con mi familia nos juntabamos en las noches, mi madre tocaba la guitarra, mi padre el acordeón, mis hermanos tocaban instrumentos hechos de cachos de buey y, todos cantabamos, bailabamos. Desde pequeño fui incorporado a las actividades del trabajo agrícola. Cultivabamos cereales, trigo, viñas. Teníamos un poco de ganado vacuno y ovejuno.

El campo que teniamos en Santa Niche, lo habíamos heredado de mi abuelo, pero cuando mi padre se enfermó gravemente, por más de un año, nos

33

vimos obligados a vender parte del campo y de los animales. Es así que dejamos Santa Niche y nos fuimos a Sausal, un pueblo cerca de Cauquenes.

En Sausal estudié hasta cuarto básico. Mis hermanos no estudian, una, porque la escuela estaba lejos, la distancia que había que cubrir entre la casa y la escuela, eran más de 5 kilómetros, lo que hacía perder tiempo. Esto se unía a la necesidad de mano de obra en las labores del campo, así que todos nos integrábamos para ayudar. Pero como tenía condiciones para estudiar, toda la familia hace el esfuerzo y me manda a Cauquenes a terminar la Enseñanza Básica Obligatoria y, en las vacaciones trabajaba con mis hermanos en el campo.

Al terminar sexto básico, postulé a la Escuela Normal de Chillán y me voy a esta ciudad. Quedé entre las 40 vacantes que ese año ofreció la Normal (se postularon mas de 200 muchachos). El nivel de dificultad de las pruebas para ingresar no eran igual para a todos. Se graduaba según la localidad de la cual venía el postulante. Las pruebas me fueron extremadamente novedosas. (El edificio en que estudié fue destruido por el terremoto)

Sí el internado no funcionaba, ¿cómo solucionó el problema del alojamiento los fines de semana?

Le voy a contar una anécdota de como mi padre solucionó mi alojamiento en los fines de semana, …ahí es donde conocí a mi señora. Para irme a estudiar a Chillán no tenia a nadie conocido, por lo que se me presentaba la dificultad de la salida de los sábados y domingos del internado. Fue entonces cuando mis padres recordaron el ofrecimiento de un comerciante ambulante de Chillán que pasaba por las casas vendiendo, no recuerdo su nombre, él, a veces, dejaba la mercadería encargada a mi padre para no tener que devolverse con ella. Otras veces se quedaba a alojar en la casa. En agradecimiento a las atenciones de mi padre, le había dado la dirección en Chillán para que lo pasara a ver. Así que él me acogió. Esta casa es importante, porque en una de las calles (la Villa Alegre) estaba la casa en cuya ventana yo podía ver a una joven cociendo. Así conocí de vista a esta niña con la que luego pololeé. Ella era estudiante de la Escuela Profesional Femenina de Chillán. Después me separé de ella, cuando me fuí a Santiago y luego a la marina. No nos vimos durante unos años. Sólo nos escribimos dos años, después perdimos las comunicaciones.

Nos volvimos a ver cuando me destinaron a Talcahuano, despues me embarque y nuevamente perdi contacto con ella. Sólo cuando mi nombre salió publicado en el diario con motivo de la huelga de hambre de los marinos en la cárcel, esta niña logro ubicarme nuevamente y nos reencontramos.

Qué le parece, así la conocí.

¿Cómo era el régimen de estudio en la Escuela Normal de Chillán?

Los estudios normalistas tenían una duración de 5 años. Las exigencias económicas para ser alumno eran difíciles de cumplir para una familia modesta. Se exigían: tres ternos (2 diario y uno de salida. Todos de color azúl marino). Camisas por medias docenas. Ropa interior por medias docenas. Tres pares de zapatos, dos juegos de savanas, colchón, frazadas, etc...

Esto no estaba al alcance de cualquier postulante a la Normal. Para cumplir esto, mi padre vendió unos animales que le quedaban y una hijuela. Nos quedamos sólo con al casa de Sausal. Así, la herencia se termina, pero invirtiéndola en mi educación. Mis hermanos renunciaron a todo y se dedican a trabajar.

Mi familia se convierte en medieros, o sea, trabajan terrenos ajenos entregando gran parte de la cocecha. Lo de mediero es hasta por ahí nomas.

Esto hacia sentirme muy comprometido con el esfuerzo de mis padres y hemanos que renunciaban a todo por mí. Tal era el compromiso que estudiaba con esfuerzo extraordinario para triunfar. No perdí ningún año. Ante mi mismo me comprometí que mis padres estarían bajo mi cuidado cuando fuese profesional, cosa que cumplí hasta la muerte de ellos.

¿Cuando pierden el campo, cómo se sustenta la familia?

La pérdida del campo (venta forzada) hace que mi hermano mayor, Vitalí, se engachase para ir a trabajar a las salitreras. Mi hermano estaba recién casado. Regresó después de tres años de trabajo en las salitreras y me contaba lo que habia sufrido como obrero del salitre y como lo que ganaba se lo iban a "remoler" a Antofagasta. No juntó plata pero si mucha experiencia.

Mi hermano conoció en las conferencias a Luis Emilio Recabarren, de quién decía que hacía pensar a los obreros.

De lo que contaba mi hermano sacaba conclusiones, de como ellos, los campesinos, también eran explotados.

Cuando nos transformamos en medieros teníamos que hacer dos montoncitos con el trigo cocechado, uno para el dueño de la tierra y otro para nosotros (montoncitos porque no se pesaba en ese tiempo). Así que con sólo poner la tierra tenía derecho a la mitad de la producción. Para mi, esta explotación del campo tenía relación con lo que me contaba mi hermano de las salitreras. En esa época ya nacia en mi, una rebeldía, de entender lo que era clase, lo que era explotación.

Entre 1925-1926, hice el 5º año de normalista en Santiago, en la Escuela Abelardo Núñez. Mi traslado se debió a que mis padres se fueron a Valparaíso con uno de mis hermanos.

En el último año me hice cargo de las actividades sociales del curso. Una de las actividades era buscar conferencistas para el curso y la Escuela, esto me significó un felicitación de la Dirección de la Escuela. En 1927, me titulo como Profesor Normalista.

¿Cómo llego a la ser Preceptor de la Armada?

Le decía que me titule de profesor en 1927, ese mismo año, a fines de año, llegó a la Dirección de la Escuela un oficio del Ministerio de Marina, solicitando profesores.

En 1928, presenté mi solicitud al Ministerio de Marina y quede admitido, incorporandome en Valparaíso, en el cuartel Silva Palma, de ahí fui enviado a la Escuela de Torpedos y Minas en Talcahuano, la que estaba ubicada al final del apostadero naval. Allí conocí a mi buen amigo Miguel Arébalo con quien conversaba de su larga vida en el mar.

Cuando llegue a Talcahuano y me instale, en el primer permiso que tuve, viaje a Chillán a ver si podía encontrar a la joven con quien había pololeado en mis primeros años de normalista. La encontre en casa. Salimos de paseo a Chillán Viejo, donde se celebraba la fiesta religiosa de "El Rosario". Las relaciones se profundizaron.

A inicios de 1931, Miguel Arebalo debe embarcarse en el buque Escuela de La Marina que partía en viaje de instrucción. Con esto, se producía una plaza en el buque O´Higgins, (buque insignia de la Escuadra Activa). Lo reemplazo como profesor, esto me permitió conocer la costa chilena desde Talcahuano a Puerto Montt, luego los puertos del norte.

Como tripulante, era Sargento primero. (dos franjas amarillas en el brazo izquierdo y un óvalo, en su centro con la letra "N" de normalista).

Recuerdo que en agosto de 1931, la Escuadra Activa, hacía ejercicios en la rada de Aldea de Coquimbo. Ahí se produce la sublevación de la Armada.

Don Ramón, espere, dejemos estos acontecimientos de su vida para la proxima semana, en que entraremos en el tema de su vida de marino y su participación en la sublevación de la marinería. Pero, para no dejar un vacío en su relato, ¿cómo puede sintetizar este período?

Bueno, participo en la sublevación, soy detenido, condenado, relegado al sur y liberado en el gobierno de Marmaduke Grove, regresando a Santiago.

Don Ramón, cuando termina la relegación y regresa a Santiago, ¿cómo retoma su vida y se reincorpora a la vida profesional y familiar?

Aquí reaparece Emma Sepúlveda, con quien había pololeado y perdido contacto. Ella me ubica al leer mi nombre en una lista que se pública en el diario, a raíz de la huelga de hambre. Emma va a la Penitenciaría, no me encuentra y la mandan al hospital. Me doy cuenta, al verla, que es la misma y que ambos no teníamos compromisos. Nos damos un abrazo, un beso, y nos comprometemos a seguir juntos.

La huelga de hambre triunfa y somos relegados. Yo elijo Victoria, ya que allí vivía Miguel Arévalo, mi amigo a quien había reemplazado en el O'Higgins.

Después de la relegación, vuelvo a Santiago, permanezco cesante y me presento al Ministerio de Educación para solicitar incorporación al servicio.

Cuando pido incorporarme al servicio no indico mi problema en la sublevación de la marinería, sólo señalo que me había dedicado a otras actividades.

¿Una vez incorporado al servicio docente cómo se desarrolla su vida y su relación con el Partido Comunista?

A fines de 1933, me incorporo al servicio y me mandan como profesor a la Escuela Nº5 de Santa Cruz, en la localidad de Palmilla. Me llevo a mis padres.

Me planteé la tarea de incorporarme al sector y hacer una tarea partidaria. Para lo que me relacioné con toda la gente, compartí con los campesinos, los pequeños   propietarios, y me incorporé a las topeaduras en los rodeos haciendo collera con los huasos. Me transformé en el profesor-huaso. Pasé a ser parte de la vida cotidiana, de   los problemas cotidianos y de las contradicciones del lugar. Ambientado allí, pude expresar las ideas políticas, discutir y plantear soluciones.

En Palmilla conocí al señor Littín, quien al verme como era, decidió cambiar de escuela a sus hijos y mandarlos a la mía.

Es así que tengo como alumno al que más tarde sería el cineasta Hernán Littín.

En febrero de 1934, me caso con Emma Sepúlveda (la niña que conocí en Chillán y que luego me reencuentro con ella en la cárcel de Santiago). Me caso por el civil y por la iglesia, por respeto a mis padres, suegro y a mi propia esposa.

De Palmilla iba a Santa Cruz. En estos viajes conocí a otro profesor, Gerardo Soto, que resultó ser comunista. Un tiempo después, con otra persona (campesino) que había estado en las salitreras del norte, formamos una célula del PC y comienzamos a organizar partido.

En la localidad de Chepica, donde habían comunistas, formamos otra célula. Logramos formar el CL del PC de Santa Cruz. Yo fuí el primer Secretario de este CL entre 1935-1936.

Cambio mi domicilio a Santa Cruz y a caballo viajo para atender mi escuela en Palmilla.

Cansado de los viajes logro permutar mi cargo con un colega de Santa Cruz.

En 1938, fui nombrado como Director en la escuela de El Rincón de Yánquil (viajo de Santa Cruz a esa localidad). Aquí logro una buena amistad con los radicales. Junto a ellos creo la biblioteca y la instalamos cerca de la plaza. La Municipalidad nos ayudo. La inscribimos en la Biblioteca Nacional, lo que nos permitió recibir libros.

Le voy a contar una anécdota radical que era mi jefe : una vez llegó hasta mi escuela, el Inspector Escolar y antes de bajarse del caballo, me gritó:

--Arellano me han dicho que Ud. es comunista.

A lo que yo respondí:

--Sr. Mendes Bravo, Ud. viene como político o como Inspector Escolar.

--Vengo como Inspector.

--Entonces, pues Sr., Ud. tiene sus creencias y yo tengo las mías.

Esto bastó, para que se bajara del caballo y me abrazara.

--Así me gustan los hombres. Yo soy radical y Ud. comunista, hechemosle p´delante.

Tiempo después, Mendes Bravo, me pidió que me hiciera cargo de la Colonia Escolar de Santa Cruz.

Impulsamos la formación del Centro Cultural del Profesorado. Para ello recorrí a caballo todo el Departamento de Santa Cruz, escuela por escuela fui inscribiendo a los profesores. Así fui creciendo en mi trabajo profesional, mezclando el trabajo con la actividad social y política y también hacía discusión ideológica, pero con un sentido práctico, siempre integrando, uniendo, haciendo cosas con los demás. Esto me llevo a ser respetado y reconocido por los demás.

Los radicales me designaron Juez de Campo: cumpliendo estas funciones, recuerdo que un día llegó hasta mi escuela una pareja de carabineros con un detenido, acusado de robo de ovejas. Les pedí que lo encerraran en un cuarto de la escuela y les dije que luego hablaría con el detenido.

Los carabineros se retiraron.

Al terminar las clases, conversé largamente con el hombre. Este me manifestó que no era ladrón, que lo había hecho por primera vez, que estaba sin trabajo, que su familia era grande, etc.

Le hice asumir un compromiso conmigo, buscar trabajo y no volver a robar.

Lo deje libre con ese compromiso y que si lo volvían a traer, lo mandaría al juez del crimen en Santa Cruz.

En 1940, me hago cargo de una escuela que se creó en Los Maquis, cerca de Palmilla, pero más lejos de Santa Cruz. Aquí formé la Escuela Nocturna y con los campesinos   fundamos el Club Deportivo José María Huratado de los Maquis. (Este Club cumplió 50 años. El año pasado por medio de un vecino me ubicaron y me invitaron a una ceremonia de celebración en la que me dieron un Galvano).

Gracias al prestigio logrado, el PC me designa candidato a regidor por la localidad   de Palmilla. No salí elegido, pero quedó partido formado en Palmilla y sus alrrededores.

El trabajo partidario me significó ser trasladado. En 1945, me envían a la localidad de Auquinco, a muchos km. de Santa Cruz. Debía pasar por Chépica. Aquí, la gente tenía un nivel económico mejor que en los Maquis. Estaba ubicado en el ferrocarril central. Continuaba viajando a Santa Cruz donde estaba radicada mi familia. Ya tenía 3 hijos.

Ya no podía seguir usando el caballo como transporte. Un taxista me ofrece en venta una "burrita" en mal estado. La arregle y aprendi a manejar. Es así, como modernizo mi transporte para viajar a Auquinco.

En 1946, fuí nuevamente condidato a regidor, pero esta vez por Santa Cruz. Como tenía muy buenas relaciones con los radicales, estos me llevan en su lista como   candidato, pero en mi condición de comunista y que al ser elegido sería regidor comunista. Fuí elegido regidor de Santa Cruz.

Ser regidor no me fue difícil, aunque, había mayoría derechista (2 radicales, 1 Videlista y otro de izquierda; 1 liberal; 1 conservador y 1 comunista).

Con ellos conversaba y me procupaba por las cosas que se debían hacer en beneficio de la localidad, --Yo les daba el voto para lo que significara progreso. Claro que el progreso lo llevaban para los fundos (caminos-puentes, etc.). Una vez pedí luz para una localidad que la dejaban de lado, por que allí la izquieda dominaba, entonces, no pudieron negarse con sus votos cuando presente el proyecto, así, la localidad tuvo luz.

Yo no transaba ideológicamente, yo era comunista y ellos lo que eran. Centrabamos nuestra atención en el trabajo, en lo que había que hacer y no en la discusión estéril.

Total yo no los iba a convencer, lo importante era que una localidad tuviera luz.

¿El gobierno de Gonzales Videla repercutió de alguna forma en su vida?

Participé activamente en la campaña de Gónzalez Videla. Juntamos dinero y trabajamos cada voto para ganar una conciencia en contra del cohecho en el campo. Después, el pago de Chile. Un día en la tarde, estaba haciendo clases, cuando llega una pareja de carabineros para detenerme. De Auquinco me llevan a San Fernando, de ahí, por tren, a Valparaíso y luegos, por barco, a Pisagua. En la escuela me quedó reemplazando el Sr. Norambuena, hijo de un Inspector Escolar, al que había enseñado a hacer las clases cuando terminó las humanidades.

En San Fernando, mientras estaba detenido y en tránsito a mi destino final, el cual desconocía, me encontré con un profesor de Chimbarongo (regidor) y un dirigente comunista de San Fernando. Con ellos viajé a Pisagua.

En Pisagua, pasé la primera noche en las tablas de un local que había sido teatro. Me encontré con gente de distintos lugares del país. Habían protestantes y católicos, comunistas y de otras tendencias.

A poco andar se forma el CL del PC de los relegados de Pisagua.

Pisagua era un pueblo desolado en el que se construyeron barracas para albergar a los relegados que llegaban. La población era escasa, unas cuantas decenas. A ella se agregó una población de poco más de 1000 relegados.

Se podía andar libremente por Pisagua, salvo las entradas al pueblo que estaban bloqueadas y no podíamos acercarnos. Lo mismo hacia Pisagua Vieja y la estación del ferrocarril, donde llegaba el tren una vez por semana, con pertrechos y la correspondencia. Allí ibamos, todas las semanas a retirar lo que podía llegar de nuestras casas.

Para levantar la moral, se asiganaron trabajos, se formaron conjuntos artísticos. Con estos conjuntos se recorrían las calles tocando música y cantando. Después se hicieron actos en el teatro viejo.

Formamos la Universidad de los Relegados de Pisagua que funcionaba diariamente en las mañanas. Lo artístico por las tardes.

Los profesores que llegamos a Pisagua fuimos considerados "trasladados", por lo que se nos dió el sueldo como si estubieramos ejerciendo. Esto nos permitió mandar dinero a nuestras casas y tomar pensión entre los chinos de Pisagua.

Al comienzo se conversaba con los militares, éramos casi amigos, esto duró poco, pues, luego mandaron al capitán de ejército Augusto Pinochet Ugarte con la misión de poner orden y disciplinar a los relegado. Inmediatamente se noto el cambio, dejamos de andar libremente por el pueblo, fuimos sometidos a controles y vigilancia en los lugares en que dormémos, las actividades culturales disminuyeron y las clases se suspendieron.

Mientras tanto, en Santa Cruz, la gente era solidaria con mi compañera, le llevaban fruta, verduras, carne. Recibe diferentes formas de ayuda. Una de sus hijas (la menor) la enviaron a Santiago a casa de una comadre.

Recuerdo, eso sí, como el carnicero cerca de mi casa, que era comunista, y deja de serlo en ese período, le dice a mi compañera, "no venga más a comprar carne porque me pueden relacionar con un comunista relegado".

¿Para su libertad, que se hace, quienes participan, qué deligencias se realizan?

Emma Sepúlveda, mi compañera, inicia una campaña por mi libertad, casa por   casa, en Santa Cruz, solicitando firmas por mi libertad.

Todos firman, el cura, los regidores, dirigentes políticos, vecinos, profesores, campesinos, artesanos, etc...

No firman, el dentista Pedro Soto que era radical videlista y el carnicero.

Con las firmas viajó a Santiago, habló con César Godoy Urrutia, Ramírez   Necochea y otros. Por último habló con Clara Yungue (a quien la había mandado Ramírez Necochea) dirigente nacional de los radicales y muy allegada al Gobierno de   Gónzalez Videla. Ella hizo la gestión para obtener el decreto de libertad.

Gózalez Videla firmó el decreto concediendo mi libertad. Con ello mi relegación no fue superior a 4 meses.

¿Despues de la relagación, qué hace, permanece en Santa Cruz o busca nuevos horizontes?

De regreso a Santa Cruz, me dieron un puesto de profesor en la Escuela de Hierbas Buenas, Provincia de Linares.

En 1952. Después de unos años nos venimos a Santiago y me convierto en "comerciante de puestos vaios"(1952-1953), en el sector de Santa Rosa con Departamental.

En 1953, deje de ser comerciante y comienzo a hacer clases en la Penitenciría de Santiago, con jornada única de medio día (jornada de la tarde).

Me demore un año en conocer gente y tomar contacto con el Partido. Con el tiempo, llegué a ser Secretario del CL de San Miguel y me incorporé a la Junta de Vecinos del sector.

Desde el año 1953, cumpli diferentes responsabilidades en la Junta de Vecinos del sector de Departamental, San Francisco, Madeco e Industrias. Desde que ingresé a la Junta, planteé la idea de que esta no era sólo para los propietarios, sino, que también para los que no lo eran. Recibi la confianza de los asociados y fui elegido tesorero y luego secretario.

En 1954 fui elegido Presidente de la Junta. Compramos un terreno, donde construimos una sede social. Ese año pusimos la primera piedra y se dan inicio a los trabajos.

Firma "pergamino" de la primera piedra de la sede social para la Junta de Vecinos, marzo de 1954

Aprovechando un terreno sin uso, lo conseguimos y construímos allí una escuela. Pusimos la primera piedra del Grupo Educacional "La Pirámide". Con los años este se convertiría en el Liceo Darío Salas.

Ud. fue Regidor y alcalde de San Miguel, ¿Cómo logra estos cargos?

En 1954, fui candidato a regidor. En la campaña, los vecinos se dieron cuenta de mi militancia. Como ya me conocían por el trabajo, amistad y preocupación por el trabajo con la comunidad, la gente no reaccionó en contra mía, me aceptaron por lo que era y por lo que hacía y no por lo que pensaba.

Durante la campaña, el trabajo se realiza casa por casa, esto es lo destacable y da frutos reales, se conquista una conciencia dificil de cambiar con una pancarta o la publicidad de la radio, bueno, hoy sería la TV.

Me incorporé a la lucha por un terreno para la vivienda. Nos tomamos el terreno de lo que era el fundo "La Lata". Aquí se fundo la población "16 de Febrero". Hoy, esta desarrollada, urbanizada e integrada al sector de Santa Rosa, Industrias, Departamental.

En 1955-1956, siendo Secretario Político del CL San Miguel, se realizó la toma de terrenos próximo a la línea del tren a la altura de Departamental (esta calle llegaba hasta la línea del tren).

Aprovechando la capacidad de la regidora del PC, Inés Figueroa, con grandes dotes de oradora, invitaron a todos los pobladores que tenían terrenos y que vivían al borde del Sanjon de la Aguada.

En Ochagavía en el Estadio Municipal, se concentrò la gente del Sanjon y, a la hora convenida, se avanzo desde el estadio hacia los terrenos. Durante la noche avanzaron con sus cosas, apróximadamente desde las 10:30 y 11:00 horas. Por todos lados entraron al terreno.

Inmediatamente hicimos sanjas alrededor del terreno, que se convirtieron en canales   para así impedir el ingreso de los carabineros con sus carros. Estos llegaron al otro día, como al medio día, con sus carruajes para sacar a la gente, pero ésto era ya imposible. En 1961, fui alcalde por un año en San Miguel.

Compra de maquinaria para un pozo basurero en la Comuna de San Miguel, durante su alcaldía, 1962

En 1964, jubilé con el grado correspondiente a Director de Escuela Superíor.

Después de jubilado me asocie con un amigo que tenía industria en Chillán. Compraba huesos en Santiago y se los mandaba (la industria era de jabón, cola). Esto lo hice por un tiempo.

¿Cuándo decide dedicarse al trabajo por el PC, qué actividades desarrolla?

Decido dedicarme por completo al trabajo por el Partido. Me incorporé a la Comisión Internacional de Solidaridad. Son los tiempos de la guerra de Vietnam. Trabajé allí junto a Jorge Montes, que era diputado.

En 1964, el CC del PC, me distingue con la medalla Luis Emilio Recabarren.

En 1968, viajé a la URSS, por un mes, para tratamiento médico y paseo.

Ceremonia de condecoración: medalla Luis Emilio Recabarren, realizada en la sede del C.C. de Chile. La coloca el Sr. Zamorano

En 1969, me incorporo a la Comisión de Control y Cuadro (el "cuartito azúl"). Este trabajo era muy intenso y se pasaban muchos malos ratos e incomprensiones. Se me produce una úlcera gástrica, entonces, me cambie a la Comisión de Educación.

En 1972, trabajo en la Comisión de Educación hasta que se produce el golpe de estado. Presedía la Comisión, la compañera Marta Ugarte.

Aquí encontramos un relato en profundidad de un aspecto de los hecho, consistente en la participación de don Ramón en los acontecimientos de fines de agosto de 1931, a los que le brinda un gran valor, según señala en su relato anterior, además que aperece como un momento de quiebre en su vida que le pemite mirar hacia adelante y hacia atrás. Ese punto de quiebre es su participación en los sucesos que constituyen el caso de la sublevación de la marinería. Es narración integrada en el sentido de que se incorporan las noticias, los testimonios de otros y los documentos disponibles para lograr un relato holístico, sin intervanir a Don Ramón Arellano B., pues, él es quien estructura el discurso central.

Don Ramón, cuéntenos como llega a la Armada y cuáles fueron sus primeras actividades

Primero, quisiera entregarle este material[79] que le podrá servir en su trabajo. Relato en el lo acaecido ese año de 1931 cuando yo apenas tenía tres años como Profesor de la Armada. Este hecho, produjo en mi un fuerte impacto, cuyos recuerdos he vivido permanentemente. Espero contribuir con ud. y su trabajo y darle la dimensión humana, como me pide, ver los hechos a la distancia, decirle lo que hice o pense en cada instante de tensión, de miedo y, especialmente, con la esperanza inicial de lograr nuestro proposito y la amargura, cuando vemos que la sublevación es derrotada a causa del combate aéreo que aumento la desesperanza que se venía provocando hacía unos días y nos dimos cuenta que ellos estaban dispuestos a matarnos como lo hicieron en Talcaguano o en el Regimiento Maipo en Viña del Mar o el bombardeo que afectó al submarino. Finalmente, fuimos designados a distintos puertos para que nos entregáranos con nuestras naves.

Bien, respondiendo a su pregunta, todo comenzó cuando la Dirección de La Armada, mandó un oficio al Ministerio de Educación, solicitando

---

[79] Don Ramón hace entrega de un trabajo realizado por él, escrito a máquina, papel copia oficio, 40 páginas, y fotografías personales, originales.

profesores normalistas para las diferentes reparticiones de marina. No vacile en pedir mi nombramiento.

Curso de Sargentos y Cabos en la Escuela de Torpeo de Talcahuano, 14 de abril 1930.

La primera destinación fue la "Escuela de Torpedos, Minas y Electricidad" de Talcahuano, que tenía "algo de regimiento o de buque anclado en tierra". Allí me toco inpartir clases a los marinos contratados sin Educación General Básica completa. Pero antes, debi pasar por una instrucción militar que me permitió tener mando de tropa, conocer el manejo del armamento y de mi espada, tener reconocimiento del terreno y ser capaz de participar en los desfiles, fue así, como en mi calidad de "preceptor" me correspondió en varias ocasiones desfilar gallardamente manejando mi espada, al frente de un pelotón de mi Compañía en las paradas militares que se realizaban en el puerto de Talcahuano.

Ramon Arellano Becerra, Plaza de Concepción, 1928

A comienzos de 1931 fui trasladado al crucero "O´Higgins", recibiéndome como "Preceptor de Cargo" del buque insignia de la Escuadra, con mi serie y número estipulado en el contrato.

Durante el verano de ese año recibimos la noticia de que la Escuadra de Instrucción debía dirigirse al Cabo de Hornos para lo que nos preparamos. Finalmente enfilamos hacia el sur, precedidos por el "O´Higgins", el que enarbolaba la insignia del Almirante. Los otros barcos de guerra de la Escuadra Actica eran: el "Araucano", buque insignia de los submarinos; los destroyers "Riquelme", "Videla", "Hyatt" y "Aldea"; el acorazado "Almirante Latorre".

La mañana del 6 de marzo, se recibio un radio anunciando que el presidente Carlos Ibañez del Campo, pasaría revista a la Escuadra en la bahía de Puerto Montt, el día 12. Esta noticia nos preocupó a cada marino, por lo menos en la preparación de la tenida y armamento a cargo.

No recuerdo el día exacto en que entramos a Puerto Montt, pero fue como a las 4 de la tarde, después de pasar frente a Calbuco y de sortear el encuentro de numerosos islotes y algunos mástiles de barcos emcallados. Al fondear el "O´Higgins", nos ocurrió un percance, pués al arrear el ancla se rompió el "cabrestante", lo que prácticamente nos inmovilizo por varias semanas.

La revista se efectuó al día siguiente y luego la Escuadra zarpo hacía Magallanes, salvo el crucero "O´Higgins (o el "111" como también le llamabamos por sus tres altas chimeneas) que debía repararse. Una vez reparado zarpamos con rumbo a Valparaíso.

Puede indicar los momentos previos al inicio de la sublevación, cuál era el ambiente, qué se dicutía entre los marinos, cómo se va produciendo la idea de actuar controlando los barcos.

En la temporada de invierno (1931), la Escuadra Activa hacía ejercicios que se realizaban en la solitaria ensenada de Puerto Aldea. Lo más frecuente eran las pruebas de desembarco y los ejercicios de tiro al blanco, estando los barcos en movimiento. En cada una de estas maniobras todos los hombres teníamos un puesto de combate.

Mientras se hacian los ejercicios, en Santiago se produjo la caída de Ibañez[80], lo que se materializó el 26 de julio de 1931. Fue reemplazado por

---

[80] Carlos Ibáñez el 25 de julio de 1931 presenta un permiso para abandonar el país, emprendiendo por ferrocarril un largo viaje hasta Buenos Aires, Argentina. Su permiso fue rechazado para abandonar el país, por lo que, al salir sin autorización, fue destituido de su cargo de Presidente.

un Junta presidida por Manuel Truco. Todo esto no nos afecto mayormente a los marinos, pero si nos preocupaban las medidas de caracter ecónomico que tomaba el Ministro de Hacienda don Pedro Blanquier.

Para salir de la inmensa crisis, el nuevo Gabinete recurría al sacrificio que debía hacer algunos sectores de la población, quedando incluidos los empleados públicos y las FFAA. Los descuentos a los sueldos de civiles y militares amenazaban llegar casi al 40%. La situación se ponía cada día mas insostenible y el descontento era mas elocuente a cada instante en la tripulación de los barcos.

A fines de julio, una vez terminado el período de intrucción, la Escuadra se dirigió a Coquimbo para anclar en ese puerto.

Todo esto se realizaba en un ambiente de un país convulsionado por el proceso de crisis que se venía arrastrando desde hacía varios años.

Rescuerdo, que por esa época los diarios anunciaban que solo la mitad de las salitreras se encontraban trabajando. La crisis se había extendido por todo el país afectando a las minas de carbón en Lota, Coronel y Schwager. Las huelgas aparecían por todas partes y también estaba la reacción de numerosos dirigentes sindicales.

En Santiago, la miseria era cada día peor, especialmente en los conventillos y "cites". Los albergues de cesantes y las "ollas del pobre", que se habían instalado en diversos lugares. Era común ver por las calles a numerosas madres con sus hijos recolectando alimentos en la basura. Esto se repetía en muchas ciudades del país. Cuando regresabamos a los buque traíamos todas esas imagenes y comentabamos entre nosotros, a la vez que nos angustiaba la rebaja de nuestros sueldos que ya se habían anunciado.

¿Cuál fue el porcentajes de rebaja y que hicieron para tratar de que no se llevara a cabo?

Como ya le he contado, vivíamos una crisis muy grande en el país, y bueno, el gobierno encontró que la mejor formula para resolver el problema en forma rápida era la rebaja de los sueldos a la Administración Pública, las FFAA y Carabineros de Chile. De esta manera se lograría la famosa "Salvación Nacional". Al principio se llegó ha hablar del 40%, sin embargo, la rebaja efectiva llegó al 30%, pero, en nuestro caso, además suprimieron las asignaciones como el rancho, asignación de grado, bonificación de riesgo, entre otros, lo que hacía que el sueldo base fuese mejor para enfrentar la vida diaria de la familia. En mi caso, la suma de asignaciones a la que se agregaba la asignación de título por ser profesor, llegaba a ser un 25% del sueldo base.

Así que imagínese la perdida de ingreso que tenía, era 55%. Por eso, despues de unos día aclararon he hicieron una tabla de rebajas propocional al ingreso.

¿Y el resto del personal se encontraba en la misma situación?

Los demás, sufrían algo parecido dependiendo de la antigüedad y el grado. Esto, se transformó en el tema de conversación de cada instante en la cuvierta de los buques, en la Cámara de Suboficiales, en el comedor, en cualquier lugar. Tanto era el intercambio de ideas, opiniones, ocurrencia de que considerando unos a favor, otros en contra, algunos neutro, otros alejados, bueno, se fue produciendo una idea central que consistió en reunir firmas y hacer una carta al Comodoro Almirante Abel Hozven que era el Comandante del Buque Insignia de la Escuadra Activa, el Almirante Latorre. Se lograron 800 firmas.

¿Cómo reaccionó el Comodoro Hozven?

La Carta Petición que hicimos para hacer llegar al Gobierno a travez del Almirante era respetuosa y, en la que solicitábamos, por medio de los jefes superiores, que no se hiciera efectiva la rebaja de sueldo.

La respuesta fue directa y personal del Comodoro quien nos reunió en la toldilla del Almirante Latorre. Participamos 20 representantes por cada una de las naves y nos advirtió:

"... se esta gestando ... en la Escuadra a mi mando, un movimiento ... que lo califico de verdadera traición a la Patria. Las condiciones por las que atraviesa el país exigen el máximo sacrificio...; por eso insistir en peticiones cono las que se prestende que yo tramite ante el Gobierno, será algo que no tolerare por ningún motivo. Desde luego les anticipo que cualquiera que pretenda proseguir con estas gestiones sera enérgicamente castigado...Ya lo saben. VIVA CHILE. Disolver!"

¿A lo dicho por Hozven, cómo reaccionaron uds?

Con un silencio enorme, quedamos cavisbajos, sin esperanzas Se nos vino encima un ambiente de temor e inseguridad. Pasando las horas se fue generando en los barcos un ambiente convulcionado afectandonos a cada uno de nosotros de forma diferente, algunos hasta lloraron de impotencia.

Fijese, que cuando al terminar la arenga, el Comodoro lanzo el acostumbrado, **"Viva Chile"!!!**, que siempre era coreado por todos con fuerza, ahora, apenas la voz de algunos guardiamarinas, cercanos al jefe, lo habían repetido, mientras que el silencio de los mil y tantos hombres, adquirió mayor resonancia que si todos los cañones de los buques hubieran disparado juntos.

Por eso, mas tarde, a la hora del té, conversando solos en la Cámara de Sargentos, algunos no pudieron dejar de expresar su descontento. De ellos surgio una invitación dirigida a todos los sub-oficiales con mando en navegación, comunicaciones, máquinas, artillería, torpedos y administración, para reunirse esa noche a las ocho en el "pañol" de municiones del acorazado "Almirante Latorre", que era muy amplio. También se notificó a los de las otras naves.

¿Cómo pudieron hacer la reunión sin que sus jefes se dieran cuenta?

El 31 de agosto, las autoridades políticas daban un agazajo en La Serena a la oficialidad (31/08/1931), por otra parte muchos sub-oficiales solicitaron permiso para abandonar los barcos e ir a tierra, por último, los oficiales a bordo para el mantenimiento del servicio se retiraron a sus camarotes mas temprano que en otras oportunidades, esto, hizo posible que la reunión pasara desapercibida. Ah, no estaría demás decir que muchos oficiales se hicieron los tontos, algunos habían manifestado estar de acuerdo pero en una postura de respaldo moral, la clásica postura del que si todo sale mal, uds son responsables.

> *"... los primeros que reaccionaron fueron los propios oficiales. Ellos querían promover un movimiento, pero no tuvieron "cojones" frente al cerrado personalismo de los comodoros Campos y Hozven (jefes de la escuadra activa y de instrucciones respectivamente)*[81]

Comenzaron a llegar los delegados de los barcos y a las ocho en punto comenzó la reunión, teniendo una destacada actuación el sargento Lautaro Silva y los cabos despenseros, Manuel Astica y Augusto Zagal,

---

[81] Manuel Astica. "El levantamiento de la escuadra en 1931", artículo del Diario El Siglo, Santiago, 10/7/1961

representantes del "Latorre". Las otras unidades de la Escuadra también estaban presentes con sus delegados.

Abierta la reunión se designó presidente al más antiguo de los suboficiales, por lo que le correspondió al preceptor Ernesto Gónzalez, quien se desempeñaba como secretario del Comodoro. Hicieron uso de la palabra el cabo artillero Juán Bravo, el sargento contador Lautaro Silva, el suboficial mayor Victorino Zapata, el suboficial mayor telegrafista Guillermo Stembecker y los cabos despenseros Zagal y Astica. Todas la opiniones fueron unánimes en oponerse a la rebaja de los sueldos.

En la mayoría fue creciendo el convencimiento de que el camino de la petición, por respetuosa que fuera, aparecía cerrado por la actitud que tomó el Comodoro, había que buscar otra forma, y esta no podía ser, sino el de la resistencia a la medida tomada por el Gobierno. Fue así, como se presentó una medida extrema como solución, apresar a los oficiales y apoderarse de las naves, dando así mayor fuerza al petitorio y como una forma directa de llamar la tención del Gobierno ya que el Comodro no iva a tramitar nuestra petición.

Los oficiales estaban tan afectados por la rebaja como uds. ¿qué pensaban ellos? ¿Cuál era su disposición o estaban totalmente ajenos a esta situación? ¿Cómo se estructuraron para mantener el mando, la disciplina y ser aceptados por todos?

Bueno, surgió la idea de organizar un Comité que representara a cada unidad y recogiera las inquietudes de los comités formados en cada barco. El del Buque insignia, el Almirante Latorre se denominó "Estado Mayor de las Tripulaciones". Como jefe, fue elegido el presidente de la asamblea, suboficial Ernesto Gónzalez, y como secretario, el cabo despencero Manuel Astica. Como dije, en cada buque se formo un Comité que debía tomar las determinaciones y mantener el control del buque. En el mío, el O'Higgins o el "111" como lo llamábamos por sus tres grandes chimeneas, el Presidente del Comité era Gallardo, el Segundo Escribiente y yo éramos secretario. A la reunión del Latorre enviamos dos representantes[82].

¿Para tomar el control de los barcos, cómo lo hicieron? ¿Confeccionaron un instructivo o fue una acción con un objetivo que se debía cumplir?

---

[82] La estructura que se dan corresponde a la verticalidad del mando y no al de una asamblea sindical. Se respetó la antigüedad y la jerarquía. Se mantuvo un trato respetuoso y considerado con los oficiales cautivos en sus camarotes habituales (Ernesto González Brion, "Desde la toldilla del Latorre sublevado", serie de artículos en el diario Crónica, 12/1931.

El Estado Mayor de las Tripulaciones en su reunión constituyente (31 de agosto) que duró una hora y media determinó que las naves debían estar bajo control de cada Comité a las 12 de la noche encerrando a los oficiales en sus respectivos camarotes. Se controlaron los relojes y poco después cada delegación se retiro a su respectiva nave. No se dio un instructivo de cómo hacer las cosas, pues, todo marino se encuentra entrenado para realizar acciones específicas sin necesidad de preguntar por qué o para qué, además que eso estaba claro, producto de la situación que nos perjudicaba. Por otro lado, cada uno tiene capacidades logradas en los entrenamientos de actividades en que se desarrollan secuencias dirigidas a controlar situaciones determinadas como lo son los zafarranchos periódicos que hacíamos. Entonces bastaba con indicar el objetivo, lo que debía lograrse, y punto.

Para realizar esto, los tripulantes nos acostamos vestidos y así levantarnos rápido a la hora acordada tanto para tomar la sala de armas situada a popa y, luego dirigirnos a desarmar al Oficial de Guardia, haciéndonos cargo de la nave. Algo semejante sucedió en cada buque.

Como anuncio de que cada buque había logrado su objetivo se debía colocar un farol rojo en lo alto del palo mayor.

Así fue como, acatando los acuerdos de la Asamblea, desde el 111 vimos como el Almirante Latorre colocaba el farol rojo convenido en el palo mayor del acorazado, como señal que el buque había sido tomado.[83] Unas semanas después, en las tertulias que teníamos en la cárcel supimos como el sargento Lautaro Silva fue quien procedió a reducir al guardiamarina Román, que había quedado como representante de la oficialidad a bordo y apoderarse de la sala de armas del "Latorre". En realidad no se que habría pasado si el Latorre no pone su farol, ya que tengo la impresión que debía ser una acción simultánea, todos los barcos al mismo tiempo, pero en ese tenso vacío, todos esperábamos la reacción vino cuando vimos la luz en el Latorre, así es que a los minutos después comenzaron a encenderse los faroles de las otras naves. En nuestro crucero, el "O´Higgins", en el destructor "Riquelme", en el "Hyatt", en el "Orella", en el "Aldea", en el "Serrano", en el "Videla" y en los submarinos. Como en el "Lynch" no se levantó señal, se enviaron refuerzos por si su tripulación hubiese encontrado resistencia, cosa que había sucedido. Con la ayuda del Comité del barco los enviados pudieron abordar y ayudar a

---

[83] El Mercurio, 2 de septiembre 1931 (noticia desfazada en dos días), **La Marinería de las Escuadras de Evolución e Instrucción se sublevó y tomó prisioneros a jefes y oficiales:** A las 4 de la madrugada de ayer, en atención a que la oficialidad se negara a firmar un pliego de peticiones al gobierno, se decidió el movimiento de los insurrectos. Los revolucionarios están en poder de los barcos de guerra anclados en Coquimbo, estableciendo su cuartel general a bordo del acorazado "Almirante Latorre".

su control permitiendo que la "Lynch" también elevara la señal acordada. Con esto, todas las unidades de la Escuadra Activa y de Instrucción, ancladas en Coquimbo, habían sido tomadas.

Pero, quedaba un problema, los altos mandos de la Escuadra y sus oficiales que habían ido a la comida que ofrecieron las autoridades. A eso de las 2 de la mañana, los oficiales comenzaron a regresar del festejo de La Serena; fueron conducidos en las lanchas por los marineros hasta sus unidades sin que se delatara lo ocurrido, fueron desarmados y encerrados en sus respectivos camarotes, generalmente sin oponer resistencia o, en algunos casos presentándola mas en forma simbolica que real.

A la mañana siguiente (1 de septiembre), el Estado Mayor de las Tripulaciones, con sede en el "Almirante Latorre", envió un comunicado al Gobierno.

También comunicó por bando a las autoridades civiles y militares de Coquimbo y La Serena, que los buques de guerra estaban bajo control de los marinos y que tomaban a la provincia bajo su control, para lo cual se desembarcaron parejas de marineros que comenzaron a patrullar las calles. Asimismo se enviaron cables pidiendo apoyo al Apostadero de Talcahuano, donde estaba anclada la Escuadra del Sur, asi como a las dependencias de Valparaíso.

Fue así, como esa misma mañana, el país, el continente y el mundo, se enteraron con estupor que la Escuadra de Guerra de Chile, al mando de sus suboficiales y marineros, se había sublevado.

El Estado Mayor de las Tripulaciones entregaron, ese día la primera proclama, alrededor de las 16,00 hrs. y, la segunda al otro día. La primera, consistía más en una declaración de principios que señala no estar bajo ninguna influencia política, que el orden y la lealtad se mantendría, es lo que expresa el siguiente texto: [84]

> *En la noche del 31 de agosto al primero de septiembre de 1931, las Tripulaciones de La Armada, que hasta aquí han sido esencialmente obedientes y que no han deliberado jamás ante el flujo y reflujo de los apasionamientos, sino que por el contrario, han sido siempre juguete de los mismos, empleandoles para levantar o derrocar Gobiernos, han*

---

[84] El Mercurio, 2 de septiembre 1931 (noticia desfazada un día), **Del pliego de Peticiones de la marinería:** El Fundamento principal de la sublevación de los buques de la escuadra no es otro que la rebaja de los sueldos anunciada por el Ministro de Hacienda señor Pedro Blanquier como un medio para equilibrar el presupuesto nacional.

visto que todas esas maniobras no han hecho otra cosa sino que hundir cada día mas al país en la desesperación y en el descredito e insolencia."

"Hoy, inspiradas las Tripulaciones de La Armada en los mas sanos y nobles propósitos de bien nacional, impulsados por el fervor incontenible, sin desconocer sus deberes indiscutibles de trabajo en tiempo de paz y defensa de la Patria en caso de guerra exterior, hacen uso de su sagrado derecho de pensar, y manifiestan a la faz del país, los siguientes acuerdos, previa la siguiente declaración:"

"Las Tripulaciones se levantan no ante sus jefes, a los que respetan, no ante la disciplina que la mantendran ferreamente, no ante el país que debe confiar en ellas, sino que ante la incapasidad de la hora y ante el apacionamiento político y fatricida próximo a desbordarse."

"Hecho este pre-ambulo, consideramos:

1°.-Que un deber de patriotismo obliga a las tripulaciones de La Armada a no aceptar dilapidaciones, no depreciaciones de la Hacienda del país, por la incapacidad imperante en el Gobierno actual y la falta de honradez de los anteriores.

2°.-Que los actuales gobernantes, para solucionar la situación economica, solo han recurrido a la misma política de sus antecesores, con una falta absoluta de iniciativa de comprensión; por lo tanto acuerdan:"

"1.-No aceptar por ninguna causa que los elementos modestos que resguardan la administración y paz del país, sufran cercenamientos y el sacrificio de su escaso bienestar para equilibrar situaciones creadas por malos gobernantes y cubrir déficit producidos por los políticos ausentes errores y falta de probidad de las clases gobernantes."

"2.-Los poderes competentes pediran la extradición de los políticos ausentes y, para deslindar responsabilidades, se les juzgue y sancione conforme a derecho."

"3.-Que el Gobierno en su deber de velar por los derechos sagrados de los ciudadanos civiles, militares o navales, por un prestigio de la libertad que defiende, debe evitar por todos los medios a su alcance que en la conciencia de la masa se forme un ambiente hostil a las Fuerzas Armadas."

"4.-Que las Tripulaciones de La Armada, en su propósito firme de que se consideren sus aspiraciones y derechos, exige que las escuadras se mantengan al ancla en esta bahía

mientras no se solucionen satisfactoriamente sus problemas que presentamos a la consideración del Gobierno."

"5.-Que jamás mientras haya a bordo un solo individuo de tripulación, los cañones de un barco de guerra chileno seran dirigidos contra sus hermanos del   pueblo."

"6.-A objeto de no prolongar situaciones molestas para el país, las tripulaciones de La Armada dan un plazo de 48 horas para que se conteste satisfactoriamente a las aspiraciones que se contemplan en esta nota."

"7.-Queremos a la vez dejar constancia que no han sido influenciados por ninguna idea de índole anárquico y que no estamos dispuestos a tolerar tendencias que entreguen al país a un abismo de desorientación social. No hay en el anhelo de defendernos exclusivamente, sino y en forma especial, de ayudar también a nuestros conciudadanos que actualmente sufren la privación de trabajo por culpa de la incapacidad gubernativa."

"Coquimbo, septiembre 1 de 1931."

Pero esta proclama no tiene ninguna propuesta económica que conduzca a la suspensión de la reducción de sueldos y como podría hacerse. Parece más una justificación a la toma de los buques, ¿no le parece?

Sí, en realidad, pero hubo una segunda proclama de las Tripulaciones de la Armada, Se entregó pasada la medianoche del 1 de septiembre. Allí se plantean medida económicas a tomar bajo el título de "Lo que necesitan las tripulaciones de La Armada":

"Lo que necesitan las tripulaciones de La Armada:"

"Recursos favorables para el pueblo. Hasta la fecha el Gobierno se ha limitado a efectuar economías reduciendo sueldos y suprimiendo empleos y puestos publicos, pero no se ha visto aún que intente una medida que demuestre interés de los financistas. Sugerimos las siguientes ideas:"

"1.-Calcular el tiempo prudencial para suspender el pago de la deuda externa, bajo el punto exclusivo que dentro de ese plazo se restablezca el orden financiero interno del país."

"2.-Subdividir las tierras productoras y propietarios nacionales."

"3.-Que las Cajas de Crédito, las Agencias fiscales, la Mutual de La Armada y Ejército, reunan entre todas un capital de 300 millones de pesos o mas para invertirlos en industrias productivas, en las cuales se de trabajo al mayor número de obreros sin ocupación. Se pueden indicar entre otras, la construcción de casas para obreros, ampliación de fábricas, etc. Para evitar la importación innecesaria de artículos extranjeros, hacer un llamado patriotico a todos los millonarios chilenos para que suminstren en caracter de préstamo, los fondos que puedan al Gobierno, para que este organice industrias y proporcionen trabajo a los obreros..."
(A continuación se encuentran otras demandas de exclusiva atingencia al personal de la Marina y Ejército que no permite sean copiadas).

El hecho de que la escuadra se encontraba en poder de uds. y habiéndose publicado las proclamas, ¿qué efecto produjo en el resto de la Armada? ¿Qué pasó con el Ejército, Carabineros y la FAN (Fuerza Aerea Nacional)?

Nuestro movimiento se extendió rápidamente, una de las primera unidades en reaccionar fueron los de la base naval de Talcahuano, los trabajadores del apostadero naval, la artillería costera, la radio estación naval, la Escuela de Grumetes en Quiriquinas, los obreros de los astilleros fiscales, la Escuela de Comunicaciones de Valparaíso, la radio estación de Playa Ancha, la base aeronaval de Quinteros. Pero lo que dió mayor relevancia fue el hecho que la denominada Escuadra del Sur con 15 buque activos se sumaran al movimiento (más los de Coquimbo, eran un total de 30 buques sublevados) y la pusieran en movimiento hasta la rada de Coquimbo. Con esto, quedó demostrado que los oficiales no eran necesario para mover una escuadra, sin embargo, habría que decir, que no se tenía los conocimiento de navegación lo que hizo que el andar fuera siempre con costa a la vista. Hay que agregar los submarinos que eran operados por unos 1700 marinos.

El día 4 de septiembre, el Ministro de Marina intercepto un mensaje de la Base Aérea Naval de Quinteros, declarando su solidaridad con la Escuadra. Indicaba, que al parecer, después de apresar a los oficiales, los sargentos de la base habían desarmado los aviones en forma de que no pudieran ser usados contra los barcos sublevados. Al mismo tiempo se anunciaba que en Valparaíso los cadetes y el personal de la Escuela Naval se unían también a los rebeldes. Lo hacía también el petrolero "Maipo", en viaje a EEUU, el que regresaba desde Panama para sumarse a la Escuadra.

Más allá de la marina, se sumaron los regimientos de Arica (La Serena) y el Maipo (Valparaíso), ambos del Ejército. Carabineros manifestó su apoyo y no tengo conocimiento de si algún cuartel se sublevó. La Fuerza Aerea Nacional (despues denominada FACH) estaba en formación, asi que eran poquitos[85], por lo que no participaron, salvo para bonbardearnos.

Todo ese desarrollo de fuerzas en torno a los sublevados que ud señala es interna, institucional, pero ¿se produjo algún tipo de apoyo social?

Bueno, el mismo radiograma se refiere a la solidaridad social con nosotros. Podemos leer:

> *Las ultimas noticias del Apostadero, agregaban, que se habían unido al levantamiento los obreros de Concepción, Lota y Coronel, mientras que la Federancón Obrera de Chile mantenía la situación con huelgas y mitines. También los obreros de Magallanes ofrecían su ayuda ecónomica y muchos regimientos del Ejército y de Carabineros enviaban voces de aliento. Se declaró la huelga ferroviaria...*

A pesar que el radiograma anterior le atribuye fuerza a la agitación social, lo que siempre nos quedó claro, cuando conversábamos en la penitenciaría de Santiago, que no se concretó. Muchas declaraciones pero sin acciones. Nunca se supo de la ayuda económica de los trabajadores de Magallanes; el levantamiento de los obreros en Concepción no se integró a la

---

[85] Se funda el 21 de marzo 1930. Ha participado solo en dos bombardeos, el de la escuadra sublevada el 6 de septiembre 1931 y, el Palacios de Gobierno, La Moneda el 11 de septiembre 1973.

defensa del apostadero de Talcahuano; ferrocarriles continuó funcionando ya que el Ejército tenía un Regimiento de Trasporte y ferrocarrileros en Puente Alto que siempre que había huelga hacía funcionar la Empresa de Ferrocarriles del Estado.

Se imagina ud. toda esa fuerza social, más nosotros, se habría transformado en una revuelta nacional cuyas consecuencias no podemos calcular. Los civiles y sus organizaciones políticas y sociales no se la pudieron.

Los hombres sublevados eran miles, más de 15 barcos amotinados en un comienzo que requerían alimentos, y combustible, ¿cómo hicieron para contar con estos recursos cuando pasaban los días y no se vía una solución?

Cuando se rompieron las relaciones con el Gobierno[86] y no teníamos posibilidades de proveernos de viveres y combustible recurrimos a lo que se hace en la guerra para abastecerrnos. Como en la mañana del viernes 4 de septiembre llegó a la bahía de Coquimbo el vapor de carga "Flora", procedente de Valparaíso, cargado con ganado vacuno, corderos, papas y verduras. Al ver la situación en la bahía y por lo que sabía por radio rápidamente se hizo a la mar, pero el Estado Mayor envio al "Linch" con orden de apresarlo y traerlo nuevamente al fondeadero, como prisionero de guerra. Se procedió a desembarcar a los pasajeros y desmantelarle la radiotelegrafía.

Con ello, el mantenimiento de la Escuadra estaba asegurado por más de dos meses.

Con respecto a la provisión de petróleo y carbón, no había mayor cuidado, puesto que, a orillas de la playa, se tenían dos estanques con más de mil toneladas de combustible líquido y repletas las carboneras de los proveedores Mac-Auliffe y Cía. Cuando fue necesario aprovisionarnos de petróleo se atracaban al "Latorre" para proveerse del combustible necesario.

---

[86] Archivo Nacional Ministerio del Interior, **Cuartel General del Ejército, Boletín de Informaciones N°6 (15.30 horas):** La marinería de Coquimbo pidió a tierra víveres para 30 días, llevando recibo de los Oficiales. Los proveedores, la Gobernación Marítima de Coquimbo y el Comandante Nelson Fuenzalida se negaron a darlos. El Ministro de Guerra ha ordenado a los proveedores de Valparaíso y Coquimbo que considerará acto punible y los hará a ellos directamente responsables, en caso de que suministren víveres a los insurrectos. Se ha ordenado a Coquimbo internar y destruir los víveres que puedan caer en manos de los insurrectos.

¿Don Ramón, como podía saber lo que sucedía o lo que estaban haciendo las autoridades con respecto a la sublevación?

Teníamos varios canales de recepción de información, el principal, y que considerábamos oficial, era mediante el radiotelegrafista del Latorre, Guillermo Stembecker, él nos proporcionaba los telegramas con información oficial que se producía con otros buques, Talcahuano, Quinteros, la propia Escuadra del Sur. Por este medio, también conocíamos lo que se comunicaban entre otras instancias como entre ministerios o gobierno con ministerios etc.

Las proclamas que divulgó el Estado Mayor fueron enviadas a los medios por esta vía y que luego escuchamos en las radios constatando el impacto en las personas. Según noticias que recibimos, provocaron gran entuciasmo entre la gente y preocupación en el Gobierno, pues en Santiago, numerosos grupos se reunieron en la plaza Montt-Varas, cerca de la legislatura y, el edificio del diario "El Mercurio" cerró sus puertas. El Palacio de La Moneda, quedo resguardado con un refuerzo de carabineros. Los altos jefes del Ejército, de La Marina y de la Aviación apoyaron al Gobierno, mientras que en el Ministerio de Marina se realizaba una sesión especial del Consejo de Almirantes. A su vez, el Vice-Presidente en ejercicio, cito a su despacho a todas las figuras políticas del país, con el fin de encarar la situación

Don Ramón, desde lo que ud. vivió en esos días de sublevación, hubo intervención de partidos políticos o de dirigentes que los orientaran a qué hacer.

La población civil paso esos días sin mayor zozobra, salvo algunos grupos que hicieron declaraciones de apoyo y algunos sindicatos que llamaron a paro, o la FOCH que pretendió un paro nacional que más allá de las buenas intenciones no provocó nada que preocupara al Gobierno.

Sin embargo, se produjeron algunos contactos solicitados por dirigentes de trabajadores y otros de dirigentes de estudiantes a los que se les dispuso lancha para trasladarlos al Latorre y escucharlos. Los primeros en venir fue un grupo que dijo representar a la FOCH, lo encabezaba un hombre joven, de buena presencia y de fácil palabra, quien se dirigió a la asamblea expresando algunas ideas que no pasaban de ser solo retórica. Me llamó la atención de plantear la idea de que abandonáramos lo expresado en las proclamas para que ampliáramos nuestras peticiones y asumiéramos una posición que apuntaran al cambio social. Muy alejado de lo pensábamos. Alcancé apuntar más o menos lo siguiente:

"...traemos señores, la adhesión cariñosa y sincera de la Federación Obrera de   Chile. Los 300 mil afiliados de la República, os aplauden por vuestra valentía al levantaros contra la tiranía imperante, que ha querido lanzar sobre vuestros   hogares y el de vuestros hermanos de tierra, la fiera insaciable de la miseria."

"Bello es vuestro movimiento, pero, nosotros los obreros, tal vez por la mayor experiencia que tenemos de la vida civil y de las argucias de que se valen los potentados para poner su pie sobre nosotros los humildes, creemos que los puntos de vista que contiene vuestro programa, como así mismo lo que solicitais en vuestras peticiones, deberían ser ampliadas, o mejor, dejarlas a un lado y asumir otra actitud, que a la vez os satisfaga a vosotros; traiga tambien algún bien positivo para la inmensa legión de vuestros hermanos que están sufriendo hambre, y cuyos clamores no llegan a los oídos de los gobernantes."

"Creemos que el único medio para alcanzar el bienestar para todos, de una manera radical y permanente, es ir decididamente al cambio de régimen social. Ustedes tienen en sus manos casi todas las armas de Chile, y las que aún no se les hayan plegado, lo haran, sin duda alguna, muy pronto. Ustedes y nosotros, unidos, seriamos mas que suficiente para realizar ese bello ideal, por el cual suspiran   todas   las repúblicas del continente americano."

"El proletariado industrial, ha querido manifestar su respaldo al movimiento   reivindicativo de los compañeros marinos. En este momento en Santiago hay un PARO GENERAL, apoyado por obreros, empleados y estudiantes. ¡Hasta los tranvías se han parado! En Concepción nuestros hermanos de clase estan en huelga en este momento. Si bien las tropas han impedido el paso de los mineros del carbón hacia Talcahuano, sabemos que el moviemiento solidario crece y   aumenta, a pesar de las amenazas de represión."

"En Valparaíso hemos tenido un mitin de más de 80 mil personas; trabajadores de la Refinería de azúcar, ferroviarios, portuarios, estudiantes y mujeres, han querido manifestar su simpatia por sus hermanos de la gloriosa Marina de Chile."

"Es cierto que la dictadura militar golpeó y debilito en gran parte nuestra organización por un largo período; pero

*tenemos esperanzas concretas que nuestros amigos del cobre,
del salitre, del carbón, no permaneceran indiferentes   a
la heróica lucha de clases de la Marina. ¡Todos, somos
hermanos de clase..! unos con uniforme, otros sin el; pero
todos explotados por último!"*

Muchos de los que estaban ahí, en la sala de máquinas del "Almirante Latorre," aplaudieron más como cortesía que por convencimiento, pues no queríamos que un petitorio sobre una cuestión específica se convirtiera en una expresión de partidos políticos.

Con respecto a los estudiante, recuerdo que vino al acorazado una delegación de cuatro estudiante que por lo que dijeron, se habían destacados en la caída de Ibáñes con sus posturas de no violencia en la universidad. Uno de ellos era estudiante de cuarto año de leyes, era de apellido Leighton. El Ministro del Interior, Marcial Mora, como tenía noticias, desde La Serena, que los cañones apuntaban a la población civil, los envió a Coquimbo[87]. Mediante solicitud pidieron conversar, por lo que se les autorizó subir a bordo poniéndose a su disposición una lancha que los trasladara al Latorre[88]. Esto se produjo un día ante del bombardeo de la aviación, o sea el 5 de septiembre. Por las conversaciones que se tuvieron, su postura esencial era la no violencia a la población civil, su preocupación no era la rebaja de sueldos aunque algo dijeron de la situación social del país. Ellos pensaban que ivamos a bombardear la población civil de Coquimbo y La Serena y venían a pedir que no se hiciera.

¿Cómo es eso?

Mire, esa era una idea que provocaron los diarios de la zona y El Mercurio, y sabe porque, pues la boca de fuego de la artillería se alinea con la proa del buque y, como algunos quedaron anclados con la proa hacia la costa pensaron que era para bombardear la población civil, lo que mantenía

---

[87] "el ministro del interior, se le ocurrió la idea de enviar a Coquimbo a cuatro estudiantes que habían adquirido prestigio durante los acontecimientos que culminaron con la caída de Ibáñez y entre ellos me escogió a mí." Blogger Otto Boye, el hermanobernardo, 01, 2006, Capítulo IV "Una difícil transición a la democracia." http://hermanobernardo-oboye.blogspot.com/

[88] "… En la mañana siguiente tomé una decisión personal: redacté una nota dirigida a los amotinados y la hice llegar con los marinos que iban y venían desde los buques. Aceptaron y me enviaron una lancha. Me acompañó otro estudiante, que convino conmigo no intervenir, a fin de no mostrarnos divididos en algunos puntos de vista. Fui escuchado sin ninguna hostilidad y con respeto, a pesar de que fui franco para expresar que no consideraba adecuado el procedimiento de violencia que estaban empleando. El diálogo fue largo. Pasado el medio día regresé a Coquimbo y comuniqué todo a Santiago. Por desgracia el gobierno ya había decidido bombardear la escuadra" http://hermanobernardo-oboye.blogspot.com/

asustada a la gente. Ante esto, se dispuso que los buques evolucionaran colocando su proa hacia mar abierto.

En un comienzo el gobierno no estaba dispuesto a negociar y aplicaba un discurso duro y con advertencias de represalias si el movimiento continuaba: ¿Cómo vió el proceso de negociación y su desarrollo? ¿Cuál fue el resultado final?

Por los radiogramas que se divulgaban entre los diferentes comité, pudimos apreciar como en Santiago los acontecimientos se sucedían uno tras otro con gran intensidad. Se produjeron reuniones simultáneas, es así que en el Salón Rojo de La Moneda se reunieron los que debían tomar decisiones políticas; también se reunió el Consejo de Almirantes con la intención de adoptar medidas drásticas para reprimir el levantamiento. La intención era dominar el motin de cualquier forma y dar un castigo ejemplar a los culpables. Las reuniones en La Moneda eran interminables, y no se hablaba sino de acabar con los "rotos bolcheviques", los "insurrectos", los "amotinados". En la base Naval de Quintero, se prepararon seis hidroaviones (sólo se habían logrado inutilizar unos pocos aviones) listos para despegar y atacar la Escuadra en Coquimbo.

Entre tanto desconcierto inicial y, al parecer por los radiogramas que salían desde el Ministerio del Interior consultando sobre la situación se fue decantando la idea de negociar con los "sublevados", buscando, según se decía: *"salvar a los camaradas de su prisión, a la Marina de su ruina y al país de esta zozobra y vergüenza."*

Es así que el Consejo de Almirantes, emitió una declaración, que más tarde nos dimos cuenta que solo era para ganar tiempo y preparar el ataque final en nuestra contra. Esta decía lo siguiente:

> *"Considerando la situación de hecho ya producida a bordo, se estimó:"*
>
> *"1.-Buscar una solución que, salvando la autoridad del Gobierno y volviendo a la disciplina, permita un acuerdo con los tripulantes de la Escuadra."*
>
> *"2.-Recomendar la conveniencia de una solución tranquila a fin de no arrastrar a las tripulaciones a actos de violencia, de los que es difícil predecir su alcance."*
>
> *"3.-Aconsejan este temperamento las circunstancias de que el ambiente del país es propicio para que otras instituciones puedan seguir el ejemplo de las tripulaciones"*

"4.-Por todos los medios evitar el empleo de la fuerza contra fuerza, cuyas consecuencias no se pueden prever."

En la madrugada del tercer día, 2 de septiembre, el Gobierno decidió designar al Almirante Edgardo Von Schroders[89] para que, acompañado del capitan de navio Muñoz Artigas, se trasladarán a Coquimbo con el fin de encarar la situación, tratando de llegar a un advenimiento con los "sublevados". Las instrucciones que habían recibido eran terminante; viajar en avión desde Cerrillos; de ninguna manera subir al Latorre a parlamentar; tener una conferencia en tierra y no aceptar imposiciones; lograr la libertad de los oficiales y que vuelvan a sus puestos; luego las tripulaciones podrían hacer sus peticiones por conducto regular.

En la respuesta del Estado Mayor de las Tripulaciones se indica que podían subir a bordo sin inconveniente y que regresaría a tierra con el mismo respeto con que siempre se ha distinguido a nuestros jefes, cualquiera que sea la suerte de la discusión.

Esa noche, los barcos permanecieron anclados en la rada de Coquimbo. En el "O´Higgins" se encontraba encerrado en su camarote el Contra-Almirante Campos y, en el "Latorre", el Almirante Hozven. Se dio orden de zafarrancho de obscurecimiento y la tripulación estaba sometida a régimen de guerra. Mientras el orden de los barcos se mantenía como de costumbre. Los relevos continuaban cada seis horas: a las 6:12; 18; y 24 horas.

El Estado Mayor de las Tripulaciones, se mantenía en reunión permanente en la Cámara de Guardia del "Latorre", despachaba en todo momento delegados con órdenes y contra órdenes, y daba conferencias a todas las unidades. Se clausuraron las cantinas y las cajas donde se guardaban los sueldos de agosto. Las discusiones, a veces se prolongaban buscando conciliar las distintas tendencias y, para redactar, por ejemplo, la primera proclama que se hizo pública, se demoraron casi doce horas. Mientras tanto, se seguían recibiendo cálidas adhesiones, que eran leídas a la tripulación de cada barco. Recibimos adhesiones del Apostadero de Talcahuano, Artilleria de Costa, la Radio Estación, Escuela de Artillería, Escuela de Torpedos y Eléctricidad. También recibimos de Valparaíso, Quintero. Del regimiento de Artillería "Arica" con Guarnición en La Serena, nos decía:

---

[89] El Mercurio, 2 de septiembre 1931: **EL Gobierno Adoptará enérgicas medidas para sofocar el movimiento de Coquimbo:** Así quedó acordado en el consejo de gabinete de la madrugada de hoy. Un oficial de alta graduación irá a ese puerto, llevando la misión de tomar el mando de la escuadra. Si los rebeldes se niegan el gobierno procederá

*"Los suboficiales y tropa del Regimiento de Artillería "Arica",
saludan afectuosamente a sus camaradas de La Armada y les
manifiestan que simpatizan con ellos en el movimiento que han
iniciado".*

Por otra parte los Carabineros de Coquimbo, también nos
manifestaron sus simpatías.

**Bien, ya se encontraba nombrado el Almirante Edgardo Von
Schroders para realizar las negociaciones con uds., pero el traía
instrucciones de no subir a borde del Latorre: ¿Cómo lo convencieron o
que proceso se dio para que accediera a reunirse con el Estado Mayor de
las Tripulaciones en un buque sublevado?**

Le cuento, ese día, el 2 de septiembre, llegó el Delegado de Gobierno
quien arribó en avión desde Santiago. Recuerdo que la bahía de Coquimbo
amaneció totalmente cubierta con una espesa neblina que impedia ver los
buques de la escuadra "sublevada". Tambien retrasó el aterrizaje del
Almirante. Luego de hacer los saludos protocolares correspondiente con las
autoridades de la provincia, despachó una nota al "Comite del Estado Mayor
de las Tripulaciones", en que decía:

*"Habiendo llegado a este puerto enviado por el Supremo
Gobierno para tratar de solucionar el estado actual que se ha
producido en los buques de la Armada Nacional, fondeados
en Coquimbo, y que ha sido puesto en conociemiento del
señor Ministro de Marina con fecha primero de
septiembre, agradecere un comisión representativa de ese
Comite se sirva venir a una reunión que tendra   lugar   en
la Gobernación maritima a las 15 hrs., a fin de ponerla en
conociemiento de las instrucciones que trae del Supremo
Gobierno."*

A las 14 hrs. de ese día, el suboficial radiotelegrafista, Guillermo
Stembecker, acompañado de tres marinos armados salio del "Latorre"
portando la respuesta de la marinería al Almirante Von Schroeders, la que
señalaba:

*"En contestación a su memorándum de hoy, manifestamos a
Uds. que, con motivo de estar constituido en el "Latorre" el
Estado Mayor de las Tripulaciones de   la   Armada,
esperamos que tenga a bien venir a bordo garantizándole que*

en   toda la Escuadra impera, como siempre, una estricta disciplina y correción de   parte de las tripulaciones. Una lancha del "Latorre" estara a disposición del señor Almirante a la hora que desee trasladarse a bordo."

Pero el delegado del Gobierno que venía con instrucciones terminantes de no hacerlo, nos envio el siguiente comunicado:

"Acuso recibo al memorándum de Uds., y en contestación, tengo el agrado de decirles que traigo órdenes precisas del Gobierno de no ir a bordo hasta que no este normalizada la situación. El infrascrito no ve el inconveniente para que una comisión del Estado Mayor concurra a oir las instrucciones que traigo del Gobierno y que son perfectamente claras y definitivas."

Por otra parte, el Almirante informo al Gobierno:

"Llegando a esta, envío comunicación al Estado Mayor invitandole a oir   instrucciones que traía del Gobierno. Se me contesto invitandome, a su vez, de ir   al "Latorre". Respondí que tenía órdenes del Gobierno de no ir a bordo hasta que la situación se hubiera normalizado y que no veía inconveniente para que un Comité oyera las instrucciones que traía. Agradecere instrucciones caso nueva negativa. Gobernador Maritimo recibió una comunicación del Cómite que le dice que queda estrictamente prohibido el vuelo de todo avión sobre la bahía."

La respuesta del Gobierno fue ratificar sus anteriores órdenes. El Almirante comunicó al Estado Mayor de las Tripulaciones la reiteración de las instrucciones del Gobierno. El Estado Mayor insistio al Delegado de Gobierno de no ir a tierra y mantuvo la invitación al Almirante de subir a bordo del "Latorre". Ante esta situación el Almirante, trato, en un ultimo esfuerzo, de mantenerse dentro del tenor de sus instrucciones, enviando el siguiente comunicado:

"Con profundo sentimiento recibo la contestación de Uds. y sinceramente no poderlos servir como hubiera sido mi mas ferviente deseo en estos momentos tan delicados para el país. Como compañero de armas, que ha encanecido en el servicio, con intenso afecto por sus patriotas tripulaciones, hoy

65

momentaneamente ofuscadas, les pido un rasgo de cordura para salvar en lo que se pueda el prestigio y el futuro de nuestra gloriosa y querida Institución. Inspirado en los más altos ideales para con la Patria, que es también la de Uds. y para evitar males irreparables que todos después tendremos que sufrir, les agradecería infinito enviaran unos pocos representantes de su Estado Mayor; solamente para explicarles las instrucciones que traigo del Supremo Gobierno, de las cuales aún no me puedo apartar y que podría ser precursoras de un mayor entendimiento. En seguida Uds. las pueden estudiar a bordo inspirados en los mas sagrados de los deberes ciudadanos: el santo amor al pueblo chileno. Escuchen el consejo de su viejo Almirante, ya nada pierden con oirlo."

La respuesta de la marinería fue en esta ocasión verbal, manteniendo sus anteriores manifestaciones y recalcando al Almirante que sería recibido a bordo con toda seguridad y con el respeto debido a su rango.

El Delegado de Gobierno se comunicó nuevamente con Santiago enviándole el siguiente informe:

"Ulttima contestación recibida negándose a conferenciar en tierra e insisten en que el Delegado de Gobierno sera recibido con todo respeto a bordo. Pidiendoseme contestación categorica de palabra, respondí que las instrucciones precisas del Gobierno eran que debiera recibirlos en tierra. Queda terminadas todas las gestiones posibles y lamento mucho el "impasse" producido, pués temo pueda traer graves consecuencias al país. Se propicia un mitin comunista en el teatro, al que asistira el pueblo, invitándose Cómite de las Tripulaciones. Solicito resolución urgente."

Cuando ya anochecía el día 2, llego finalmente la respuesta de Santiago: *"Contesto su telegrama diecinueve horas. Por disposición del Gobierno queda Ud. autorizado para proceder según su criterio."*

Con esta respuesta en su poder, el Almirante remitió a la marinería el siguiente memorándum:

"Con mis deseos de salvar el honor de La Armada y de resolver la manera de   volver a la normalidad, que son los deseos del país entero, y en vista de las negativas de Uds. para aceptar mi invitación, he rogado al Supremo Gobierno se sirva autorizarme para hacer las gestiones que dicte mi criterio. Vengo de recibir esa autorización y, poniendo mis naturales sentimientos de Oficial General de La Armada, he decidido tener conferencia a bordo y, en consecuencia, les agradecere me envíen mañana la lancha a las 10:30 hrs. Voy confiado en que sabran   respetar los honores de mi rango y la seguridad de mi persona, que me ha sido reiterada en sus comunicaciones."

El Almirante Arturo Wilson, por su parte, se dirigió a las tripulaciones sublevadas, en el que les decía:

"Profundamente afectado por la actitud asumida por los tripulantes de la Escuadra que rompe normas de la disciplina de más de un siglo de nuestra querida Armada, me dirigo a ustedes pidiéndoles de todo corazón que abandonen su actitud, retirando las peticiones al Gobierno y sometiéndose a la autoridad de sus jefes, a fin de no agravar los daños ya hechos a la Marina y al país. Me permito invocar el espiritu glorioso del Comandante Prat de la "Esmeralda", que al sacrificarse por la Patria, jamás habría imaginado que su querida Institución iba alguna vez a encontrarse en trance tan doloroso. Con todo corazón os lo pide vuestro viejo Almirante."

Al estar todo acordado para que el Almirante subiera al Latorre: ¿Cuál fue el procedimiento y las relaciones con el Almirante? ¿Cómo se desarrolló esa primera negociación y con qué resultados?

Exactamente a las diez y media de la mañana del 3 de septiembre, el Delgado del Gobierno, Almirante Edgardo Von Schroeders, acompañado por dos ayudantes y por el Gobernador Maritimo de la Provincia, arribo al muelle de Coquimbo. La lancha del "Almirante Latorre", con una ametralladora en la proa, estaba atracada esperándolo, manteniendo su motor en marcha. El suboficial Guillermo Stembecker, al acercarse el Almirante, se hicieron los saludos protocolares correspondientes y lo ayudaron a subir con cortesía, lo mismo que a sus acompañantes. En seguida la lancha se dirigio al "Latorre", donde fueron esperados por el Estado Mayor de las Tripulaciones.

Al llegar a la escala del acorazado, el Delegado del Gobierno trepo por ella seguido de su sequito, y ya sobre cubierta, paso frente a la marinería que estaba formada rindiendole los honores de ordenanza, mientras el suboficial a cargo del barco, que lo recibio iba señalandole el camino. Sin cambiar palabras, el alto jefe y sus edacanes cruzaron la toldilla, donde quedo aguardandolo el Gobernador Maritimo; luego, descendieron hasta la Cámara de Guardiamarinas, cuya puerta estaba custodiada por dos centinelas con bayoneta calada. Allí se hallaba reunido el Estado Mayor de las Tripulaciones de la Escuadra.

Al entrar el Almirante se hizo el mayor silencio, se produjo una situación dramática y de emosiones encontradas. El lugar estaba repleto con algo más de cincuenta persona para un espacio que era para la mitad. Afuera, muchos marinos que miraban por las ventanas. Al fondo, una larga mesa cerraba el ambiente y detrás de ella aparecían como veinte cabecillas de la sublevación. Ante la presencia del jefe, todos se pusieron de pie, mientras éste, con voz firme, dejo oir su saludo:

"-Buenos días señores!"

La respuesta al unisimo fue:

"-Buenos días, Almirante!"

Antes de continuar, quiero hacerle una salvedad, cuando entró el Almirante se sintió la autoridad de su presencia y todo lo que traía tras de sí, seguridad, como no importarle lo que le pasara a él, además que se sentía intocable, podía ser un héroe de la institucionalidad. Esto produjo un efecto de admiración entre la marinaría, especialmente en los nuevos, sintieron seguridad en el mando, a lo que estaban acostumbrados, especialmente cuando compararon que el Estado Mayor no tenía prestancia ni solidez ante un hombre y se apreciaba un estado servil, atento[90]. En ese momento, me di cuenta que las negociaciones no eran para nosostros y, que finalmente se haría lo que el gobierno decidiera. Por otra parte, no recuerdo si fue esa misma noche, despues de la conversaciones, que un grupo de marinos que había

---

[90] De esta situación, el propio Almirante Schroeders se percató cuando señala en sus memorias que creyó observar algunos sutiles síntomas de división entre los sublevados. Lo que comunicó al gobierno. Edgardo von Schroeders, "El delegado del gobierno y el motín de la Armada de Chile". Imprenta y Litografía Universo, p.139, Santiago 1933

participado en una discusión en el Latorre. Al no estar de acuerdo abandonaron voluntariamente el acorazado[91].

Cuando se inició la sesión cuya primera parte duró algo más de cuatro horas. Presidía el suboficial Preceptor Ernesto Gónzalez, teniendo a su derecha al cabo despensero Manuel Astica, Jefe del Estado Mayor y Secretario General de las Tripulaciones. En una mesita colocada a un costado estaba el cabo despensero Augusto Zagal, con el próposito de tomar una versión de lo que se trataría.

El Almirante se puso de pie para hablar y comenzó diciendo:

> *"Solo mi gran cariño por la Institución, a la que me ligan grandes afectos, me ha inspirado ha dar este paso tan doloroso para un Oficial General, pero todo mi sacrificio lo doy por demas compensado si consigo traer a la Escuadra a la normalidad y a esa legendaria disciplina que ha sido el orgullo de Chile. Espero que como resultado de esta conferencia, podre informar al Gobierno que existiendo en Uds. buen espiritu, se puede encontrar una formula que consulte las aspiraciones que sean justas y que, a la vez, salvaguarden el prestigio y la dignidad del Gobierno, que representa a la nación y que de ningún modo puede aceptar imposiciones. Yo he venido animado de la mejor voluntad y del mas alto interés para tratar de conseguir poner fin a esta situación, porque ella afecta hondamente a la tranquilidad interna y a la confianza que necesitamos inspirar en el extranjero, justamente en estos críticos momentos políticos y ecónomicos por los que atraviesa el país."*

Luego se pasó a discutir cada uno de los puntos contenidos en las peticiones de la Marina sublevada. Así se hizo, con la intervención de numerosos participantes, entre ellos un sargento radiotelegrafista, un cabo torpedista y los cabos despenseros Zagal y Astica. La discusión se hizo dentro de un tono general de respeto hacía el delegado y parecía que, después de tan larga sesión había posibilidades de llegar a un acuerdo, pues el representante del Gobierno se mostraba dispuesto a ceder en buena parte de las demandas presentadas.

Si había tan buen ánimo para llegar a un acuerdo, *¿qué hizo que fracasaran las negociaciones con el Almirante?*

---

[91] La Revista Sucesos del 17 de septiembre 1931 se refiere a este evento.

Cuando estaban en la redacción del documento final y que esta diera cuenta de lo que se habia discutido, un mensajero se hizo presente en la Cámara, trayendo unos radios que se acababan de recibir. El suboficial Gónzalez, que presidia, los leyó detenidamente y luego lo hizo en voz alta:

"El Apostadero Naval de Talcahuano y los barcos de la Escuadra del Sur también se han sublevado, para unirse a sus camaradas del Norte. Así mismo lo hacen los obreros que trabajan en el dique."

Al parecer, las tripulaciones, al apoderarse del Apostadero y de los buques de guerra allí fondeados habían expulsado a los jefes y oficiales, quienes tuvieron que abandonar las bases y los barcos para dirigirse a Talcahuano y Concepción, muchos de ellos acompañados de sus familias. Pronto se supo que la Escuadra del Sur de ponía en movimiento para unirse a la anclada en Coquimbo.

La situación, en consecuencia, parecia tornarse difícil para el Delegado del Gobierno, por las nuevas condiciones que se presentaban. Bajo esa impresión el Almirante abandono el "Latorre" a las 15 horas.

A las 17:30 hrs., el Almirante retorno al "Latorre", con el fin de proseguir las conversaciones a bordo. Sin embargo, las perspectivas para llegar a un acuerdo, parecían alejarse de toda posibilidad. Finalmente, se acordo firmar un acta que contuviera los terminos del arreglo, aunque se condicionó a que no se podía firmar hasta la llegada de la Escuadra del Sur para que la aprobaran. Además se pidió la presencia del Obispo de la La Serena, José María Caro, como ministro de fé.

Nada de esto se produjo. Dos días antes de la llegada de la Escuadra del Sur, o sea, el 4 de septiembre, y un día despues de haber logrado un acuerdo como lo indica el punto 2 del Acta de Acuerdo entre el Estado Mayor de las Tripulaciones y el delegado del gobierno E. Von Schroerders, el Almirante pidió lancha para subir al Latorre. En esta intempestiva visita del mediador del gobierno al "Latorre", manifestó a los jefes del movimiento, que el propio Vice-Presidente de la República, telefónicamente había cambiado el acta, convenida entre el Almirante y las Tripulaciones, la que había sido modificada en el fondo y en la forma. La comunicación del Almirante, también fue verbal. Sin embargo el Cuartel General del Ejército emitió un boletín que señala el respeto a la Constitución y las leyes[92]

---

[92] Archivo Nacional, Ministerio del Interior: **Cuartel General del Ejército, "Boletín de informaciones N º 1**: A las 2.30 horas del 5 IX .931. Después de haber agotado todos los medios para

El Estado Mayor no aceptó los cambios, por lo que ese mismo día quedaron rotas las negociaciones.

Sin negociaciones que realizar y sin acuerdo: ¿qué vino despues?

Yo creo, que a partir de esta situación y, por supuesto, las que vinieron después, especialmente el día 5 de septiembre, con el asalto al regimiento Maipo acantonado en Valparaíso y las acciones en el apostadero de Talcahuano, es el comienzo del fin.

Mire, ud. sabe que soy comunista, pero un grupo nos hicimos comunistas, como ya le he dicho, en la huelga de hambre en la Penitenciaría de Santiago. Así que en esa época no lo era y me mantengo en esa condición para hablar con ud. sobre la sublevación.

Inmediatamente después de rotas las conversaciones y del ultimátum de rendición incondicional que envió el gobierno, el Estado Mayor, saco una declaración de que el movimiento pasaba a ser una "revolución social". Ante esto se produjo mucho malestar y desconcierto porque la mayoría entendíamos que nuestro problema era la rebaja de sueldos y no una cuestión política.

Pero hay que considerar otra cuestión, que en este momento no conocíamos hasta que llegamos a la Penitenciaría de Santiago.

¿Cómo es eso? ¿ De que se trata?

Mire, en esos día no recibíamos correspondencia ni diarios, ud comprenderá que eran otras las tareas que nos ocupaban, como lo era las negociaciones. Bueno, resulta que el día 1 de septiembre, el gobierno adelantándose a toda situación que pudiese afectar políticamente al país, determino no rebajar los sueldos correspondientes a 3.000[93] pesos anuales, o

---

hacer volver a la disciplina a la marinería sublevada, el Gobierno ha resuelto hacer respetar la Constitución y las Leyes de la República. El Supremo Gobierno ha puesto todas las fuerzas de la defensa nacional bajo el mando directo del señor Ministro de Guerra General don Carlos Vergara Montero con amplios poderes para reducir a los revoltosos a la sumisión del Gobierno constituido. Las órdenes para la reducción de los fuertes y de las reparticiones de tierra en las guarniciones de Valparaíso y Talcahuano se encuentran en ejecución. Los otros boletines serán dados oportunamente con el fin de mantener al País al corriente de los acontecimientos.

[93] El Mercurio, 2 de septiembre 1931, **Condiciones precisas en que se aplicarán los nuevos descuentos a los sueldos fiscales:** Declaración oficial que hace el Gobierno a propósito del movimiento iniciado por la marinería…cabe considerar la siguiente declaración proporcionada por la Secretaría de la Presidencia: "La forma acordada para el pago sin retardo de los sueldos de agosto ha sido mal

sea 250 pesos por mes, lo que implicaba la mayoría de los trabajadores de la administración pública incluida la FFAA y Carabineros de Chile que no fueran oficiales. A partir de los 3000 pesos los descuentos se iniciaban en el 12% hasta el 30% en los sueldos más altos. Como ud ve, con esta medida se debilitava mucho el apoyo civil. Creo que fue un logro de nuestro movimiento.[94]

¿Piensa Ud. que se estaba produciendo una descomposición y debilitamiento del movimiento que llevaría finalmente a que cada buque saliera desde Coquimbo con diferentes destinos?

Si, era notorio, pero ese desánimo producido se disipó con la noticia de que la Escuadra del Sur venía en camino, se pensó que todo tomaba nuevos bríos y fuerza para negociar con el gobierno.

Sin embargo, en las primeras conversaciones con los que dirigían la Escuadra del Sur, me dí cuenta que las posturas de los que llegaban eran más radicales que las del Estado Mayor de la Tripulaciones y tenían una actitud diferente con los oficiales, más dura y de que no debían ser consultados como pasaba en nuestros buques con algunos oficiales. Eso se sintió, y con los resultados del bombardeo la mayoría de los buques acordaron su propio

---

interpretada, exagerándola. La situación es la siguiente: El actual Gobierno ha recibido del régimen anterior las Cajas Fiscales sin dinero y agotado totalmente el crédito. Debido a esta falta material de fondos, no es posible pagar, por ahora la totalidad de los sueldos. Compelidos por esta circunstancia, se ha resuelto lo siguiente: 1º Cancelar, desde luego, sin rebaja alguna todos los sueldos líquidos iguales o inferiores a $3000 anuales. 2º Las remuneraciones líquidas superiores a $3000 anuales se cubrirán de inmediato con una reducción que varía desde un 12% hasta un 30% para los sueldos más altos; (Santiago 1º de septiembre de

[94] Declaración oficial que hace el Gobierno a propósito del movimiento iniciado por la marinería.
Por averiguaciones que hemos logrado obtener, se desprende que el fondo del movimiento de la marinería y casi su única finalidad, es protestar por el último descuento que ha de aplicarse a los sueldos del Estado. Pues bien se nos ha informado oficialmente en el gobierno que en lo que ha dicho asunto se refiere, cabe considerar la siguiente declaración proporcionada por la Secretaría de la Presidencia:
"La forma acordada para el pago sin retardo de los sueldos de agosto ha sido mal interpretada, exagerándola.
La situación es la siguiente:
El actual Gobierno ha recibido del régimen anterior las Cajas Fiscales sin dinero y agotado totalmente el crédito. Debido a esta falta material de fondos, no es posible pagar, por ahora la totalidad de los sueldos.
Compelidos por esta circunstancia, se ha resuelto lo siguiente:
1º   Cancelar, desde luego, sin rebaja alguna todos los sueldos líquidos iguales o inferiores a $3000 anuales.
2º Las remuneraciones líquidas superiores a $3000 anuales se cubrirán de   inmediato   con   una reducción que varía desde un 12% hasta un 30% para los sueldos más altos;
3º   Las reducciones del número 2 se pagarán tan pronto como sea posible.
4º Para los empleados sus sueldos con esta reducción, se rebaja a la mitad el servicio de los dividendos hipotecarios a que están obligados en las Cajas de Previsión.(Santiago 1º de septiembre de 1931)

camino. Tomaron rumbo desconocido y al poco andar el gobierno les asignó diferentes destinos.

Lo anterior lo podemos apreciar en cómo reacciona el Comandante en Jefe de la Escuadra del Sur, cuando, según un radiograma interceptado, el General Vergara pedía al "Araucano" y a la flotilla de submarinos que se sometieran al Gobierno, bajo la garantía de que no sufrirían represalias. Indicándoles el puerto de San Antonio para recalar.

El Comandante en Jefe de la Escuadra del Sur, a bordo del "Araucano", Sargento Primero Señalero, Orlando Robles Ossa, contesto al General Vergara, Jefe de la Defensa Nacional en los siguientes términos:

> *"Contestando su radio, manifiesto a V.S. que he puesto en conocimiento de las fuerzas que comando, su proposición, recibiendo como respuesta expontanea y unánime, que se prefiere derramar hasta la última gota de sangre antes que traicionar a los hermanos que se han levantado en armas, obligados a la defensa de sagrados deberes y respetables ideales."*
>
> *"Por mi parte, agrego que continuo viaje al norte para reunirme a la Escuadra, sin determe ante ninguna dificultad ni sacrificio, por grandes que ellos sean, y siempre bajo el lema tradicional de nuestra Armada de "Vencer o Morir."*

Como ud. ve, en la respuesta se incluyen expresiones de los altos ideales como "sagrados deberes", "respetables ideales", el sentido del "sacrificio", todo bajo el lema de "vencer o morir". Habla con un lenguaje institucional que es común. Se dirige al General Vergara pero le habla a todos. Este lenguaje no se ve en la proclamas del Estado Mayor de las Tripulaciones. Hay un lenguaje de igual a igual.

La llegada de la Escuada del Sur, ¿considera ud. que se tranforma en un aporte para la negociaciones o ud. piensa que el destino del movimiento ya estaba determinado desde Santiago con la decisión de utilizar toda la fuerza disponible y, en forma ejemplarizadora?

Bueno, la Escuadra del Sur era una esperanza, pues se fortalecía el movimiento. Pero por conversaciones en la Penitenciaría de Santiago, donde nos encontramos cuando nos rebajaron las penas, al momento de su llegada todo estaba decidido. Las negociaciones del Almirante Schroerders fueron para darle tiempo al nuevo Ministro de Guerra, General Vergara, quien decidió movilizar a todos los regimientos leales para aplastar la rebelion de la Marina.

Antes de continuar, me quiero referir a la llegada de la Escuadra del Sur porque se produjo algo impresionante. En el amanecer del domingo 6 de septiembre, con neblina cerrada, mar agitada y los buques a oscuras en defensa nocturna, se zarpo con el "Latorre" a la cabeza, hacía alta mar, con el objeto de recibir a la "Escuadra del Sur" que se aproximaba a Coquimbo. Serían las 9 de la mañana cuando se avisto al "Araucano" seguido de varios barcos y los submarinos a continuación.

Veinte y tres unidades (íncluído el mercante "Flora"), caso único en la historia naval, desfilaban frente a Coquimbo. Más de 3500 hombres, después de haberse apoderado de todos los barcos de guerra y los puertos militares.

A la Escuadra Activa y de Instrucción, se agregó la Escuadra del Sur, con las siguientes unidades: cruceros "Araucano" y "Blanco Encalada"; los escampavías "Leucoton", "Orompello", "Elicura", "Micalvi" y "Sibbald"; los submarinos "Thompson", "Fresia", "Guacolda" y "Quidora".

La entrada a la Bahía fue algo inolvidable. Los buques haciendo diferentes movimientos para anclar en los puntos que se les indicó a cada uno. Pero, cuando miro hacia atrás, pienso en cuan irresponsables fuimos al agrupar tanto barco en un solo lugar, también, muestra el romantecismo del movimiento al creer que bastaba con el número de buques y hombres para convencer al gobierno de nuestra razón. Fue uno de nuestros errores estratégicos y tácticos que favoreció a la aviación tanto que vastó una errática bomba para dañar un submarino, provocar un muerto y un herido, para luego, durante esa noche muechos buques se fueran. De tantos, quedamos un puñado.

Con respecto a la pregunta, el Ministro de Guerra, conociendo ya los focos de la sublevación y, como ya había concentrado estratégicamente sus fuerzas, dio la orden de retomar Talcahuano y la Escuadra fondeada en Coquimbo.

Es así, que las fuerzas de gobierno comandadas por el General Novoa, se pusieron en movimiento terminando por reducir a la marinería que se defendió en la Escuela de Artillería y en el Apostadero.[95] Luego, sometieron a los atrincherados en los arsenales de la Marina, que sumaban unos 400, entre marinería y obreros a quienes se le habían entregado armas. Por ultimo el

---

[95] Archivo Nacional Ministerio del Interior: **Cuartel General del Ejército, Boletín de informaciones N° 3 (9 horas):** N°1 Las operaciones militares contra fuertes de Talcahuano iniciaronse hoy en la mañana en cumplimiento de las órdenes recibidas. Intendente de Concepción comunica por telegrama de las 8.45 horas, que fuerte Punta de Parra cayó en poder de las tropas del Ejército N°2 El Cuartel General ha reiterado la orden de hacer pasar a Consejo de Guerra , sin demora a todo hombre capturado. con las armas en la mano.

Fuerte "Borgoño", considerado por los entendidos como el más poderoso de los que circundaban Talcahuano[96]. Allí resistieron
hasta las 22.00 hrs. La isla Quiriquina tambіén fue reducida.

Faltaba controlar la Escuadra del Sur, para lo que se organizó la aviación militar para salir en su búsqueda y bombardearla. No se pudo lograr ya que fue imposible ubicarla. Por otra parte el General Vergara, vía telegrama, amenazo a las Escuadras sublevadas con "quintear" a los prisioneros de Talchauano y fusilarlos.

Ante esta posible medida el Estado Mayor remitió el siguiente comunicado:

> *"Al Gobierno del país. Del Estado Mayor del "Latorre": Declaramos ante la conciencia del país que en estos momentos las tripulaciones al ver la actitud antipatriotica del Gobierno y al considerar que el único remedio para la situación es el cambio del regimén social, hemos decidido unirnos a las aspiraciones del pueblo. Zarpa con nosotros una comisión de obreros que representa el sentir del proletariado de la nación, de la Federación Obrera de Chile y Partido Comunista. La*

---

[96] Archivo Nacional Ministerio del Interior, **Cuartel General del Ejército, Boletín N°7 (17.30 horas): 1° Situación en Valparaíso**: a) El Ejército venció la resistencia de los revoltosos y se apoderó de los fuertes: Vergara, Valdivia , Yerbas Buenas y Reñaca. b) Artillería de Costa con tropa y oficiales dominada y obedeciendo al Comando Militar. **2° Situación en Talcahuano**: a) Ejército domina situación en tierra después de apoderarse de los fuertes El "Riveros" levantó bandera de parlamento. La rendición de los fuertes ha sido incondicional. b) Ministro de Guerra ha ofrecido a los revoltosos de Coquimbo perdonar la vida de los prisioneros sólo en caso de que la Escuadra de Coquimbo se rinda sin condiciones. 3° La Marina Mercante Nacional se adhiere incondicionalmente al Gobierno condenando la actitud de los revoltosos. 4° La situación de los insurgentes empeora visiblemente. 5° Gobierno proseguirá operaciones con toda energía. 6° En el resto del país reina la calma. Las Poblaciones civiles de Talcahuano, Valparaíso y Coquimbo no han tenido nada que sufrir.
 Corrección al Boletin 7
Archivo Nacional Ministerio del Interior, **Cuartel General del Ejército Boletín de Informaciones N°8 (23.55 horas)**: 1° Rectificación al punto 1 del boletín N°7. Por un error de información se dijo que el Ejército había vencido las resistencias de los revoltosos y se había apoderado de los fuertes "Vergara" "Valdivia" "Yerbas Buenas" y "Reñaca". La verdad de lo acontecido fue que dichas guarniciones pertenecientes a la Artillería de Costa que comanda en Valparaíso el comandante de navío señor Turene en cumplimiento de su deber patriótico, se plegaron altivamente al Gobierno y cooperaron en forma brillante a las actividades del Ejército, por lo cual este Ministerio hace llegar a ellas sus más fervientes felicitaciones y rectifica gustoso el error cometido en el boletín anterior. 2° En Talcahuano la toma del Arsenal cuesta a los revoltosos numerosos prisioneros. 3° En Coquimbo ante proposiciones mencionadas en boletín N°6. los revoltosos contestaron con nuevas bases de arreglo a las cuales el Gobierno respondió que sólo aceptaba rendición incondicional. Comisión de tripulación desembarcó en Coquimbo en busca de apoyo de la población civil el que le fue rechazado ampliamente. 4° Las poblaciones civiles de Coquimbo, Valparaíso y Talcahuano no han tenido nada que sufrir con los incidentes que se desarrollan. 5° El Gobierno mantiene sus decisiones y nada lo hará cambiar hasta conseguir el absoluto dominio sobre los insurrectos. 6° En el resto del País reina calma – General Verg

lucha civil a que nos ha conducido el Gobierno se transforma en estos momentos, en una REVOLUCION SOCIAL."[97]

Al parecer, con este cuadro que describe es prácticamente el final de la sublevación. Don Ramón, podría decirnos ¿cómo conocen los acontecimientos que se desarrollan en Talcahuano y otros lugares y hacernos una narración de lo supo de esos acontecimientos?[98]

Todo se sabía por radio, el radiotelegrafista Stembecker recepcionaba y luego distribuía por cada unidad. Por ejemplo, el Apostadero Naval de Talahuano al momento de hiniciarse la acción militar contra ellos no tenía un mando claro al parecer, pues el preceptor Pedro Pacheco pedía al Latorres que se nombrara un jefe para que dirigiera la defensa del Apostadero. Se le respondió que el se hiciera cargo.

En los momentos en que el Apostadero es atacado por fuerzas militares, el radiotelegrafista del recinto naval, informó al Estado Mayor de las Tripulaciones lo siguiente:

> *"Al "Latorre". Los milicos inician el ataque al Apostadero, rompiendo los fuegos desde el cerro y desde la Estación de los FFCC. El "Riveros" contesta, disparando en dirección al Club Hípico, donde esta el grueso de las tropas. Los defensores del Apostadero se defienden valientemente, pero los fuertes no los ayudan; parece que hay traición de parte de ellos."*
>
> *"Los milicos vienen avanzando. Parece que al fin volverán; debido a que los fuertes no disparan y que los fuegos del "Riveros" no son eficaces. En dirección a la Radioestación, de donde trasmito, se despliegan tropas. Yo seguire comunicando, hasta que pueda sostenerme; si me dejan fuera*

---

[97] Esto de las delegaciones de obreros y comunistas embarcándose, pareciera ser solo retórica, pues, cuando los buques se entregaron, no bajó ningún civil, así como no aparecen en los juicios contra los sublevados.

[98] A esta fecha el gobierno ya había expresado su firme desición de actuar con firmesa. Lo indica el boletin del Cuartel General del Ejército. Boletin de Informaciones Nª 1, 20,30 horas del 5 IX.931: "Después de haber agotado todos los medios para hacer volver a la disciplina a la marinería sublevada, el Gobierno ha resuelto hacer respetar la Constitución y las Leyes de la República.

El Supremo Gobierno ha puesto todas las fuerzas de la defensa nacional bajo el mando directo del señor Ministro de Guerra General don Carlos Vergara Montero con amplios poderes para reducir a los revoltosos a la sumisión del Gobierno constituido.

Las órdenes para la reducción de los fuertes y de las reparticiones de tierra en las guarniciones de Valparaíso y Talcahuano se encuentran en ejecución. Archivo Nacional Ministerios del Interior.

*de combate, tratare de hacer un llamado largo, esa sera la
señal de mi muerte."*

El llamado largo se produjo después de la última frase:

*"En este momento disparan sobre la Radioestación,
caen varios de los defensores……..".*

Está también el caso del destacamento de caballería que avanzaba por
la península de Tumbes y que fue dispersado con ráfagas de ametralladoras
de los marinos y obreros de los Arcenales parapateados en la parte boscosa
de la colina.

El transporte "Riveros"[99], que respondía con sus cañones a los ataques
de un fuerte desde el puerto y, por tener sus máquinas en mal estado, con
mucha dificultad abandonó la bahía para alejarse del alcance de las baterías
de tierra.Sucumbieron, así el Apostadero de Talcahuano,[100] la Base Naval de
Quinteros[101]. Mas tarde lo hacen los fuertes de artillería costera Vergara,
Valdivia, Yerbas Buenas y Reñaca.[102]

En efecto, como lo pude comprobar después en la Penitenciaria, en el
Apostadero de Talcahuano se combatió encarnizadamente entre regimientos
de infantería y personal naval.

**Don Ramón, ¿está seguro que esos fuertes de artillería costera estaban en
poder de sublevados que se habían unido al movimiento?**

---

[99] Termina por rendirse según lo expresado en el Boletin Información Nª7 al levantar bandera de
parlamento

[100] *Boletín de informaciones Nº 3 (9 horas): Nº1 Las operaciones militares contra fuertes de
Talcahuano iniciáronse hoy en la mañana en cumplimiento de las órdenes recibidas. Intendente de
Concepción comunica por telegrama de las 8.45 horas, que fuerte Punta de Parra cayó en poder de
las tropas del Ejército. Nº2 El Cuartel General ha reiterado la orden de hacer pasar a Consejo de
Guerra , sin demora a todo hombre capturado con las armas en la mano.* Archivo Ministerio del
Interior
*Boletín de Informaciones Nº5 (15 horas) 1º Comando III División comunica que Comité
Revolucionario Apostadero Talcahuano se rindió a fuerzas de Gobierno a las 13 horas Se fijó hora
para realizar entrega. Radios interceptados demuestran desorganización de los insurrectos. 2º Reina
tranquilidad en todo el País. General Vergara.* Archivo Ministerio del Interior

[101] *Boletín de Informaciones Nº 4 (9.30 horas) 1º La base Naval de Quinteros se rindió sin condiciones.
El Comando del Grupo de Aviación Nº 2 habiendo restablecido completamente el principio de
autoridad conduce al Lago Peñuelas todos los hidroaviones existentes en dicha base. 2º Las
operaciones militares en curso siguen desarrollándose sin ningún inconveniente.* Archivo Ministrio
del Interior

[102] *Boletín Nº7 (17.30 horas)1º Situación en Valparaíso: a) El Ejército venció la resistencia de los
revoltosos y se apoderó de los fuertes: Vergara, Valdivia , Yerbas Buenas y Reñaca; b)Artillería de
Costa con tropa y oficiales dominada y obedeciendo al Comando Militar.* Extracto. Archivo Minsterio
del Interior.

A decir verdad, desde que perdimos al radiotelegrafista en Talcahuano, dejamos de recepcionar radiogramas con noticias del sur, salvo, los que emitía el gobierno para desmoralizar a la escuadra en Coquimbo. Uno fue relativo al boletín de Información Nª 7 que señalaba esta rendición. Después hubo uno, el Nª8 que señalaba lo contrario, en que decía que los oficiales y marinería se había declarado partidaria del gobierno. Pero después, en la Penitenciaría, en Santiago, conversando con gente de Talcahuano nos dijeron que sí se habían declarado partidarios del movimiento, pero no asumieron actitudes activas ni de acuartelamiento en sus unidades. Era una pose más que una realidad, por eso les resulto fácil declararse al lado del gobierno sin consecuencias personales.[103]

Dígame, ¿qué podría hacer ahora la Escuadra con las ansias de libertad social a que la había arrastrado su rebeldía por el descuento de los sueldos?

Ya había caído Talcahuano, así como las dependencias navales de Valparaíso y la base de Quinteros. Los obreros, en Santiago, reanudaron sus trabajos, y los tranvías funcionaban sin problemas. Además, la escuadra carecía de combustible para desplazarse. Por otra parte, los alimentos, estaban a esa altura, racionados, provocando malestar entre la marinería que ya veía frustrada sus intenciones de ganarle al gobierno. Y aún, tenía pendiente sobre su suerte el peligro de la flota norteamericana que se decía venía en camino para someternos, a pesar de que la Embajada de los EEUU. había desmentido la información que se hiciera pública al respecto.

En relación con el ataque de la aviación, ¿cómo lo puede describir? ¿Decidió realmente el avandono del movimiento por varios buques surtos en Coquimbo?

Mire, todo se inició como a las 14.00 hrs, cuando apareció un avión sobre la bahía, evolucionando a bastante altura. Inmediatamente se ordenó izar bandera amarilla de combate. Todos se prepararon para combatir. Se

---

[103] *Boletín de Informaciones Nº8 (23.55 horas) 1° Rectificación al punto 1 del boletín Nº7. Por un error de información se dijo que el Ejército había vencido las resistencias de los vevoltosos y se había apoderado de los fuertes "Vergara" "Valdivia" "Yerbas Buenas" y "Reñaca". La verdad de lo acontecido fue que dichas guarniciones pertenecientes a la Artillería de Costa que comanda en Valparaíso el comandante de navío señor Turene en cumplimiento de su deber patriótico, se plegaron altivamente al Gobierno y cooperaron en forma brillante a las actividades del Ejército, por lo cual este Ministerio hace llegar a ellas sus más fervientes felicitaciones y rectifica gustoso el error cometido en el boletín anterior*

divisaron luego otros aviones, uno de ellos, al volar más bajo, dejo caer algunas bombas en dirección a los submarinos. Desde varios barcos se hicieron disparos de fusil y de ametralladora contra el avión provocador. Mas tarde se supo que cascos de granada habían herido de muerte a un marinero del arma submarina.

El combate aéreo en la bahía de Coquimbo

Esto produjo mucha molestia, *¿cómo reacciona el Estado Mayor de las Tripulaciones?*

Frente a esta situación se produjo una profunda indignación de la marinería, nos volvió a unir. Pero, duró poco, pues el Estado Mayor ya había perdido el control y daba instrucciones erráticas e equivocadas, como fue el caso en que consideró conveniente tomar medidas audaces, producto de la indignación del momento. Dispuso que los grandes cañones del acorazado "Almirante Latorre", se preparan para bombardear la ciudad de La Serena. Se notificó a la ciudad, con lo que la población comenzo a evacuarla.

Los delegados del "O´Higgins" ante el Estado Mayor, después de haber escuchado la opinión de su buque, expusieron que el sentir de la tripulación era contraria a las medidas que se proponían contra aquella ciudad. Y agregaron:

"la población no era culpable de la actitud inhumana de los gobernantes. Necesitamos apoyarnos en el pueblo, puesto que somos parte de el y no debemos sacrificarlo injustamente. Los culpables estan alla arriba, en las castas gobernante."

Al oponernos a tal acción, los cañones del "Latorre" se volvieron contra nosotros"[104]

Bueno, pero esto es un quiebre interno del movimiento, es un enfrentamiento entre uds, ¿cómo lo solucionaron?

Con nuestros planteamientos que fueron suficientemente convincentes, hicieron meditar al Estado Mayor, que después de un acalorado debate, decidió dejar sin efecto las medidas contra la población civil de la ciudad de La Serena.

Bien, ¿cómo continúa el combate aéreo?

Poco después de la 17 hrs., se vieron aparecer nuevamente varios aviones en actitud de combate. Los aviones atacaron con sus bombas no pudiendo dar en el blanco, pues los buques estaban en movimiento.

*Grupo de pilotos en la Base Naval
de Quinteros, participantes en el
combate aéreo de Coquimbo*

Minutos después, nuevas escuadrillas de aviones atacaron lanzando sus bombas muy cerca de los barcos, lo que hacía que las inmensas columnas de agua bañaran las cubiertas de las unidades de guerra.

En medio de la tensión y el ajetreo derivado de la lucha, todos los marinos estabamos preocupados de un avión de tres motores, al que llamabamos "El Bonito". Cuando se le vio acercarse, los fusiles disponibles

---

[104] Se refiere al 111 u "O´Higgins"

se dirigieron contra él, en un nutrido fuego.   "El bonito" no volvió, desapareciendo detras de las cercanías de Guayacan.

El combate con la aviación duro, aproximadamente una hora y, los resultados inmediatos, según un radio dirigido al Gobierno por el Jefe de Bandada, y que se interceptó a bordo, los aviones tuvieron cuatro bajas, además de los daños en cada máquina, que fueron alcanzadas en su totalidad por los proyectiles de los buques, según versiones posteriores de los pilotos.

En la Escuadra hubo un muerto y un herido, pertenecientes a la dotación del submarino "Quidora", que llego inutilizado desde Talcahuano, éste se encontraba fondeado en las cercanías del malecón de Coquimbo, en cuyos contornos cayo una bomba que, al explotar, volo la cabeza del Sargento 2do. mecánico Carlos Fibias e hirio a un marinero.[105]

¿Por qué no usaron las defensas antiaéreas de los buques?

En realidad, fue ignorancia. La defensa antiaérea en los principales buques de la escuadra estaba recién instalada. Por parte de la marinería se desconocía su uso, como calcular distancia, ángulo de disparo a un blanco en movimiento. La instrucción estaba en etapa inicial. Esto hizo que no se usara. Se imagina si hubiésemos estado capacitados para usarla, sí con disparo de fusilería les dimos a todos los aviones y el "Bonito" capotó en el sector de Guayacan. Creo que otro cuento estaríamos contando.

Habiendo pasado el combate del día, ¿cuál es la reacción del Estado Mayor o de la marinería?

Ante el giro que tomaron los acontecimientos, se reunió el Estado Mayor esa misma tarde, ya casi de noche, redactaron una declaración que se transmitió al Gobierno. Dicha declaración es la que le señale anteriormente, la que indica un "cambio de régimen", ¿se acuerda?

Sí, pero cuando hicieron ese comunicado en que se plantea el cambio de régimen, ¿cómo reacciona el gobierno?

El Gobierno respondió al comunicado diciendo:

---

[105] El Mercurio 7 de septiembre 1931, *Una escuadrilla de aviones bombardeó las unidades de la Escuadra, inutilizando un submarino y produciendo las más grande desorientación entre los rebeldes.- El H4 se entregó a las autoridades y sus 21 tripulantes se encuentran prisioneros.*

*"Para terminar el conflicto no hay otro camino que la
rendición incondicional. Mañana el ataque de los aviones
será más enérgico"*

Esta respuesta produjo la natural indignación, ya que por todos los
medios se trataba de evitar la violencia y empeoramiento de las cosas.

Esa noche, la rada de Coquimbo era lúgubre, más triste que las
anteriores. Se discutía acaloradamente, y los de mayor responsabilidad
arengábamos a nuestros compañeros desde las torres de los grandes cañones
de cada barco, como lo habíamos hecho en los días anteriores. Se notaba el
cansancio en todos los rostros, el alimento estaba racionado y por lo tanto
insuficiente. Hacía varias noches que no se dormía. La incertidumbre era
enfermiza y contagiosa. En el Estado Mayor y en los Comités de cada buque,
las opiniones eran diversas. Habían partidarios de bombardear Valparaíso,
bajar a tierra y buscar el apoyo de los regimientos y del pueblo. Otros no
estaban dispuestos a rendirse y continuar hasta el final y, lógicamente estaban
los que pensaban en entregarse y enfrentar lo que decidieran las autoridades.

Por confidencia de algunos marineros, se supo que se preparaba un
plan para apresar al Estado Mayor, ideado por oficiales y otros elementos que
consideraban que el equipo dirigente estaba asumiendo, actitudes
dictatoriales, haciendo caso omiso de innumerables consejos y
recomendaciones que se les hacía en relación con la buena marcha del
movimiento.

**O sea, que ya no existía plena unidad entre los sublevados, ¿esta división
se manifiesta de alguna manera?**

Sabíamos, que algunos marinos se entrevistaban con oficiales
detenidos en sus camarotes. Es así, que un grupo solicita al Estado Mayor que
se escuche una propuesta del Contra Almirante, señor Abel Campos Carvajal.
Esta reunión se realizó en el Latorre con él y los comandantes señores Aylwin,
Huber, Gallardo, Waard, Obrecht, con el objeto de organizar y enviar una
misión ante el Gobierno. En efecto, se acordó que esa misma noche el
Almirante Campos partiría a Santiago en autocarril, acompañado del
Comandante Gallardo, para presentar directamente al Vice-Presidente de la
República Sr. Truco y, expresarle:

"1.-Que la Escuadra no estaba decidida a rendirse, pero que deseaba llegar a un arreglo para que cesara la situación de sobresaltos que estaba viviendo la nación."

"2.-Si el Gobierno se negaba a transar en su política de intransigencia cerrada, el plan de operaciones futuro de la Escuadra consultaba la ocupación de Coquimbo y La Serena, el bombardeo de Valparaíso, la recuperación de la plaza de Talcahuano y la continuación de las hostilidades hasta llegar al cambio de régimen social."

"3.-En caso favorable, el Sr. Almirante comunicaría por radio las reacciones del   Gobierno y, en caso adverso, volvería a Coquimbo inmediatamente, para correr él, la misma suerte de las tripulaciones."

"4.-Mientra la Comisión iba a Santiago, la Escuadra se haría a la mar, en espera del ataque de los aviones que se habia anunciado para las primeras horas del día lunes 7."

Terminada esta reunión los comandantes regresaron a sus respectivas unidades y el Almirante se dirigió a la Capital.

Los miembros de la Escuadra del sur, criticaban a los jefes del Estado Mayor por su debilidad, tolerancia y entreguismo a las tramitaciones oficiales. Esta misión, así como la propia reunión era manifestación de esa debilidad.

Las posturas eran diferentes. Los del sur, proponían que a pesar de que las unidades no tenían la suficiente munición para una lucha prolongada, no era menos cierto, que cualquier medida de sorpresa, por ejemplo, un desembarco en Valparaíso o, en La Serena, habría hecho cambiar los acontecimientos en favor de las tripulaciones.

En las conversaciones de esa noche, varios camaradas de arma insistían en que habia que tener confianza en el apoyo de la gente. Pero el Presidente del Estado Mayor, Ernesto González y, sus compañeros más inmediatos, seguían creyendo en las declaraciones de los jefes militares y de La Moneda.

Sin embargo la realidad era otra. Desmotivados y frustrados en su empeño y ante un fracaso inminente se decide la rendición, lo que se consulta barco por barco. Finalmente el Sargento Valdés de nuestro 111 (el O´Higgins) comunica a cada buque el acuerdo de rendición[106]. Se desembarca a los

---

[106] La rendición está acordada por las tripulaciones. Confirmando las anteriores noticias cablegráficas, dice nuestro Enviado Especial. Coquimbo (23.40 horas) Entrevisté al Sargento Valdés del O"Higgins, quién me confirmó ampliamente la noticia de la rendición de la Escuadra, notificando en primer término a la fuerza aérea de que no volverán a hacer fuego y convocando en seguida a un consejo al Almirante

oficiales y se envía al Ministerio de Defensa Nacional, un telegrama comunicando esta determinación.

¿Acaso se tenía miedo a la aviación?

Puede ser. Entre algunos hizo fuerte impacto el combate de la tarde, pero no había dudas que, si no tuvieron efecto material las bombas lanzadas a las unidades de guerra, salvo el submarino, en la bahía de Coquimbo, menos podrían hacer blanco si las naves estaban en movimiento en alta mar.

Lo que se pensaba como una rendición formal de cada unidad, no se produjo, ya que algunas tomaron decisiones propias. En realidad se produjo una especie de pánico de enfrentar la aviación. Antes de media noche se pasó lista mediante destellos a cada uno de los barcos. Contestaron todos menor el "Riquelme" y el "Hyatt", que habían salido aprovechando la oscuridad y la neblina reinante. Es posible que esto sucediera porque al deliberar en los Comités de esos barcos, pensaron que entregarse individualmente era mejor que estar unidos al Estado Mayor de las Tripulaciones.

Fue así, como horas más tarde se intercepto un radio del Ministerio de Marina, en que avisaba a los fuertes de Valparaíso, no hacer fuego contra los destroyer "Riquelme" y "Hyatt", porque se habían declarado fieles al Gobierno.

Al amanecer del día 7 de septiembre, tampoco estaban ya en la bahía los destroyer "Aldea", "Videla", "Serrano", "Orella" y "Lynch", que habían seguido la ruta de los dos anteriores. El acorazado salió tras ellos con el propósito de obligarlos a volver, mas, no lo consiguió.

Frente a la triste realidad, luego de recibir órdenes perentorias del Gobierno, al "Latorre", no le quedo otra alternativa que navegar hacia Quinteros y someterse a lo que el Ejecutivo determinara[107].

Campos y a todos los comandantes de unidades presos durante la sublevación. Me agregó que antes de tomarse esta resolución una comisión pidió el parecer, barco por barco, a las tripulaciones respectivas, todas las cuales manifestaron estar de acuerdo. Quedó en claro que la exaltación de los ánimos de la marinería era sólo sostenida por los consejos y la propaganda de dos comunistas. Se cree que ellos sean Rojas y Solar, que fueron desembarcados inmediatamente que se tomó la determinación de levantar la bandera blanca. Me han avisado que en este momento desembarca el Almirante Campos, quien declara al pueblo que es muy posible un arreglo definitivo.

[107] El Mercurio 8 de septiembre 1931, **Toda la flota amotinada levantó ayer bandera de rendición.** Eficiente ataque de la aviación causó entre los amotinados todo el efecto que se pretendía, desmoralizando por completo a las tripulaciones y sembrando el pánico en los buques. Una a una las embarcaciones han ido entregándose al Gobierno, culminando esta decisión con la medida tomada por el "Latorre" cuya tripulación no reconoció a los jefes rebeldes. Profunda actividad reinaba en el Cuartel General del Ejército. Se estima muy probable el hundimiento del submarino Simpson sumergido ayer. No ha respondido a ningún llamado.

Luego cada barco recibió los siguientes destinos:

* "Araucano": puerto de San Antonio.
* "Flora" (mercante): quedo en libertad para continuar hacia el norte y cumplir su anterior ruta de navegación.

El "O´Higgins", que habíamos salido mar afuera sin un destino fijo y, estando navegando en las cercanías de la bahía de Coquimbo, fuimos interceptados por un avión a la altura de Tongoy que nos sobrevoló por unos minutos. Luego recibimos un cable del Gobierno ordenándonos fondear en ese puerto. Nos ordenaron que la marinería, cabos, sargentos y suboficiales, debíamos hacer abandonó del barco antes del anochecer en grupos pequeños de a diez y entregarnos a las autoridades.

Una vez que desembarcaron y fueron detenidos en el muelle, ¿qué pasó? ¿cómo fue el trato como prisionero? ¿Dónde los llevaron?

Una vez en el muelle nos subieron con nuestras pertenencias a unos carros que se usaban para transportar animales. Nos llevaron a la estación y de ahí por tren a La Serena. Desde ahí, la estación de FFCC. de La Serena, fuimos conducidos hasta un edificio educacional, como antesala de las medidas restrictivas de que seríamos víctimas paulatinamente. Llegaron los jefes de Carabineros e Investigaciones, llamándonos a cada uno de los que creían con mayores responsabilidades en el movimiento. Cuando me tocó el turno, fui conducido a la Prefectura de Carabinero y luego encerrado en un frío calabozo del Regimiento "Arica" de esa ciudad.

Durante la noche, movimientos de soldados, me hacían creer que me quedaban pocos minutos de vida, sin embargo, era otra la razón: se me saco silenciosamente para llevarme por unos pasillos a los comedores. Ahí, encontré al suboficial José Gallardo, y excomandante del "O´Higgins", que aceptaba gustoso un plato de porotos y un fraternal jarro de café. A mí me sirvieron lo mismo.

De ahí, nos condujeron a la cárcel pública en carácter de incomunicados.

Una vez en la cárcel se iniciaron los juicios del Consejo de Guerra de La Serena, *¿cómo fueron estos? ¿Cómo operaron?*

En el Liceo de Hombres de La Serena se instaló el Consejo de Guerra, donde el señor fiscal no desperdiciaba detalles para lograr el ajusticiamiento de los "infractores del orden constituido" por la sublevación de la marinería.

De la cárcel al Liceo y de éste al presidio, en continuo desfile por las calles de la ciudad. Cerca de un centenar de marinos, custodiados por militares con bayoneta calada, fue una cosa repetida a diario, odiosa hasta para los observadores. En cualquier instante, algunos compañeros de la tripulación del "111", cambiábamos miradas e impresiones, a pesar de la estricta incomunicación. Hacíamos diálogos cortos al pasar, como: "Nos saldrá humito, compañero Arellano?", -logró decir en voz baja el excomandante Gallardo-. Pude responderle: "En ese caso más luego nos iremos al cielo. Esta entretenido este paseo de todos los días y tan bien acompañados."

Por fin después de una semana, el Fiscal estuvo en condiciones de dictaminar sentencias. Propuso: pena de muerte para 32 marinos y cadena perpetua y otras penas menores para varias decenas de recluidos, otros quedaron en libertad.

Mientras el Consejo de Guerra se desarrollaba, la población de La Serena se moviliza en favor nuestro y respondían magníficamente. Parece que el hecho de que la tripulación del "O´Higgins" se hubiera opuesto al bombardeo de la ciudad, tomo cuerpo en los sentimientos de la población. Me toco recibir a delegaciones de profesores, ofreciéndonos solidaridad y ayuda efectiva de parte de ellos y otras organizaciones populares. En adelante no nos faltó el alimento y las golocinas.

El 18 de septiembre, el Secretario del tribunal militar se dirigió a la cárcel con un voluminoso expediente. Los marinos fuimos notificados de que nos reuniríamos en la galería Central del establecimiento carcelario.

Poco antes de la 11,00 La Guardia de la Cárcel de La Serena, cumpliendo órdenes del Alcalde, don Luis Espinoza, nos condujo a todos los tripulantes del "O´Higgins" para formarnos en cuadro para oír las sentencias del Consejo de Guerra.

El momento era emocionante y aunque al parecer todos estábamos tranquilos, no dejaba de haber preocupación.

Eran ya las 11 de la mañana cuando el funcionario judicial con solemnidad comenzó la lectura del veredicto del Consejo de Guerra. El señor Infante hizo las siguientes notificaciones:

"Vistos, y teniendo presente y, por los motivos expuestos, son condenados a las siguientes penas los recluidos que paso a nombrar a continuación:

"CONDENADOS A MUERTE: José Basaez, Desiderio Cerpa, José Gallardo, Guillermo Pizarro.
CONDENADOS A PRISION PERPETUA: Héctor Gaete, Ramón Arellano[108], Gustavo Araya, Valentín Jara, Pedro Salas, José Luis Salinas, Luis Armando Rodríguez.
CONDENADOS A CINCO AÑOS: Rodolfo Ferrada, Artenio Campos, Otto Vicencio, Roberto Acevedo, Fernando Molfino, Guillermo Fortunes, Edgar Reyes, Humberto Quezada."

En el caso de las tripulaciones de los otros buques de la escuadra, fueron estas sometidas a juicio en diferentes ciudades, principalmente, Valparaíso, Talcahuano y en San Félipe. En esta última que se juzgo a la tripulación del "Almirante Latorre". Sus condenas fueron las siguientes:

"A MUERTE: Ernesto Gónzalez, Victorino Zapata, Lautaro Silva, Victor Villalobos, Juán Bravo y Luis Perez.
A PRESIDIO PERPETUO: Manuel Astica y Augusto Zagal.
A 15 AÑOS: Juán B. Méndez, René Jara, Manuel Bastías y Moisés Pino.
A 10 AÑOS: Eleodoro Labra y José E. Gónzalez."

El suboficial radiotelegrafista, Guillermo Steembecker, fue absuelto por el Consejo de Guerra de San Félipe.

Las ordenes de fusilamiento impartidas telefónicamente por el general Vergara, debían ser cumplidas en el menor tiempo posible. Mas, como las disposiciones legales determinan que deben ser comunicadas por escrito, hubo dificultades para que se cumplieran. Esto produjo un tiempo a favor de los condenados, permitiendo que las organizaciones sociales actuaran en su favor.

Gracias a la acción de las organizaciones sociales, de la dueñas de casa de distintos sectores sociales, de Parlamentarios de izquierda, etc., las condenas a la pena capital de los Consejos de Guerra de La Serena, San Félipe, Valparaíso y Talcahuano, fueron conmutadas por la de presidio perpetuo. Esta medida constituyo un alivio para los directamente afectados.

¿Ud supo que pasó con los jefes y oficiales a cargo de las unidades que uds. se tomaron. Tuvieron sumarios, fueron castigados por ser sorprendidos y apresados, o que hayan sido acusados de negligentes?

---

[108] Nuestro entrevistado

En realidad, estábamos tan concentrados en nuestros problemas, a la vez, que aislados de lo que pasaba afuera que poco o nada sabíamos. Pero, cuando salimos supimos que los jefes de la escuadra fueron removidos y muchos oficiales los expulsaron sin goce de sueldo. Todo, era información vaga, como guardada solo entre la oficialidad.[109]

Estando ya condenados en la cárcel de La Serena, ¿recibieron algún tipo de solidaridad? ¿cómo se expresó esta?

La solidaridad se expresó de diferentes formas, especialmente con el envío de viandas cn el almuerzo diario. Nunca faltó. También, algunos sindicatos se hicieron cargo de grupos de condenados a los que les proporcionaban lo que requerían. A mi me presto todo tipo de ayuda los profesores de La Serena, hasta un terno me regalaron para que asistiera al Consejo de Guerra.

Por otra parte, todas las organizaciones de trabajadores, empleados y profesionales enviaban a diario telegramas y cartas al gobierno intercediendo por nosotros. La más influyente, al parecer, fue el un grupo de señoras de La Serena, todas muy importantes y pertenecían a sectores sociales altos. Es así, como las damas de La Serena enviaron el siguiente telegrama al Exmo. señor Truco:

> *"Telegrama de las señoras de La Serena al Exmo. señor Truco, Vice-Presidente República. Moneda."*
> *"Nosotras que hemos sufrido días angustiosos al alcance de los fuegos de la Escuadra, en poder de tripulaciones sublevadas sin entorpecer en favor de nuestras vidas ni de nuestros intereses materiales la acción del Gobierno, subordinandolo todo al bien de la República, pedimos a V.E. conmutar pena de muerte a reos tripulantes del "O´Higgins", que desovedeciendo ordenes del "Latorre", evitaron bombadear Serena."*

---

[109] La Armada en esa época tenía una dotación de 8.326 gente de mar, por lo cual los poco más de dos mil afectados por sentencias de tribunales o por medidas administrativas alcanza al 23%.
Resumiendo: La Armada contaba con 637 oficiales en todos sus escalafones. Solamente 6 (1%) recibieron condenas de primera instancia y aproximadamente 200 (30%) recibieron sanciones administrativas tales como la expulsión, el llamado a retiro, la disponibilidad por algunos meses u otros castigos menores. Todos los comandantes de buque fueron relevados de sus mandos y lo mismo ocurrió con los jefes de diversas reparticiones. Igual suerte corrieron los comandantes en jefe de las dos escuadras y el del Apostadero de Talcahuano, que se fueron a retiro a los pocos meses de la sedición
 Algunos oficiales fueron acusados de acuerdo al artículo N° 274 del citado código por estimar que no emplearon todos los medios al alcance para contener el delito de sedición y por la manifiesta negligencia para combatirlo,

Posterior al envío, la comisión de señoras que se encargó de poner el telegrama anterior nos dio cuenta de que su costo fue de 34 pesos y diez centavos, y que como quedaron 42 pesos de los que se habían recolectado con este objeto, ese saldo sería invertido en cigarrillos.

Para cumplir condena, tengo entendido que los llevaron a la Penitenciería de Santiago: ¿cómo fue ese traslado?

Dos o tres semanas pasaron después de comunicadas las condenas, cuando llegó la orden a cada establecimiento carcelario donde habían marinos detenidos, para que fueran trasladados a la Penitenciaria de Santiago.

A nosotros, los del "O´Higgins", se nos condujo por grupos a la capital. El grupo que yo integre, estuvo a cargo de un oficial que no molesto en nada durante el trayecto, pero, otros grupos fueron hasta esposados para hacer el viaje. Este se hizo en tren a Santiago. Recibimos la solidaridad de los pasajeros que nos colmaron de atenciones.

Llegamos a la Estación Mapocho, de ahí, directo a la "peni". Hicieron el papeleo de rigor y nos condujeron a nuestras celdas. Al traspasar la cuarta reja de la "peni", recibimos efusivos abrazos de ex-compañeros de estudio y de trabajo, venidos de distintas unidades de la Armada. Ahí estaban, Pacheco (quien tuvo representación en Talcahuano), Stranger, Molina, Parada, Teillier, Henriquez. También recibia a los recién llegados el "guaton" Gónzalez, que fue el Presidente del Estado Mayor en el "Latorre". Fuimos llevados a la galeria de la "calle dos", donde a cada uno le esperaba su celda. A mi me correspondio la celda "13". Curioso, el número de la celda es el día de mi nacimiento.

Con un grupo de profesores de La Armada, en la galeria 2 de la Penitenciaria, Santiago

Instalados ya en la Penitenciaría de Santiago, ¿cómo se integraron, qué hicieron para mantenerse activos en beneficio de su libertad?

La población que nos incorporamos a la pblación penal sumaban 105 marinos. Aunque no estábamos en contacto con la población común del presidio, poco a poco fuimos dándonos cuenta de la vida subhumana que debían soportar la mayoría de los penados. El hacimiento y la promiscuidad era lo cotidiano.

A pesar de las rejas, los marinos éramos visitados asiduamente por nuestros familiares y amigos. Yo tuve la dicha de recibir a mis padres, ancianos ya, que venían desde el puerto. Así pasaron las semanas y los meses.

Las esperanzas de salir con libertad en corto plazo, se diluyeron rápidamente, a pesar de las gestiones de orden político y de abogados de reconocida experiencia. El jurisconsulto don Pedro Lira Urquieta, desde Coquimbo actuaba en defensa de los marinos del "O´Higgins". Ahora, en Santiago, se había recurrido al prestigioso abogado, maestro y político don Pedro Aguirre Cerda, quien de inmediato se puso al frente de la causa común de los marinos encarcelados.

Se organizó el Comité Pro-Libertad de los marinos, presidido por el señor, don Enrique Phillips, que representaba a cerca de un centenar de organizaciones y a más de cien mil ciudadanos.

Desde los primeros días de abril de 1932, se hizo sentir un ambiente de permanentes luchas por nuestra libertad en Santiago, y en otras ciudades del país, en solidaridad con los marinos en prisión. Se culpaba a los poderes publicos y especialmente al Gobierno, por su indecisión de tomar medidas en favor de su libertad. Las corrientes de derecha presionaban en contra de la marinería. La gente de izquierda los apoyaban, y grupos de estudiantes fueron los primeros en salir a la calle exigiendo nuestra libertad incondicional.

Cierto día, una comisión hizo llamar al pasillo de visitas a algunos marinos, entre los que estaban, Leon Teillier, Pedro Pacheco, yo, y dos o tres más que no recuerdo porque no eran del O´Higgins. Las visitas en su mayoría eran caras conocidas. Nos hicieron ver que solo realizando una lucha política se obtendría la libertad. Afuera, ya se actuaba en acciones progresivas, nos informaron, pero era necesario que los recluidos hiciéramos también mayores esfuerzos desde las celdas y a través de las familiares.

Se convino en mancomunar la lucha y dar la batalla en distintos frentes. En esa misma ocasión, este pequeño grupo de marinos recibió, como resultado de conversaciones previas, muy disimuladamente, un pequeño y hermoso carnet de tapas rojas, que cada uno guarda como una reliquia muy cerca de su corazón.

En una de las tantas reuniones que hacíamos, surgió la idea de la huelga de hambre como una forma de apoyo a las acciones que se realizaban fuera de la cárcel.

El viernes 22 de abril de 1932, 39 marinos presos en la Penitenciaria de Santiago, suscribimos un MANIFIESTO, en el que declaramos al país, que cansados de tanta tramitación de los poderes Publicos para concedernos la libertad, preferíamos morir antes que pudrirnos en la prisión.

Dicho manifiesto, textualmente decía:

"La sublevación de las tripulaciones de la armada, en septiembre del año pasado, se hizo con exclusivo objeto de defender nuestro derecho de vida, objetivo mil veces mas noble y elevado que todos los que fueron causa de los cuartelazos e insurrecciones de estos ultimos tiempos. Sobre nosotros pesa el delito, el inmenso delito de haber defendido nuestro pan, el pan de nuestro hijos y el pan de todos los hogares de los servidores de la nación."

"Con nuestra insurrección fuimos los primeros en oponernos resueltamente al sistema que, a pesar de todas las protestas, se ha ido generalizando, cada vez más el asalto a los salarios."

"Logramos resistir con relativo éxito ese primer asalto; pero, aterrorizadas las masas a la vista de nuestro castigo, nadie mas se ha alzado en contra de esta infame política del hambre y explotación."

"Pedimos pan, justicia y trabajo. En vez de pan, se arrojo a nuestros familiares a la miseria; pedimos justicia y se nos hundio en la cárcel; pedimos trabajo, y fueron miles los marineros a quienes se les envio a engrosar las filas de los sin trabajo."

"Esta vez, los marinos estamos decididos."
"O AL SENO DE NUESTRAS FAMILIAS O A LA TUMBA"
*"Firmamos este acuerdo, los siguientes marinos encarcelados: Ernesto Gónzalez B., Valentín Jara, Carlos Cuevas, Manuel Pantoja L., Pedro Pacheco, Asención Miranda, Manuel Solis, José González, **Ramón Arellano**, Roberto Sepúlveda, Emilio Kisteainer, Gerardo Espinoza, José Landeros, Gumercindo Tello, Luis Namo, Luis Perez, Anibal Noazan, Edmundo Ceardi, Luis Leyton, Salvador Camus, Mariano Vargas, Polidoro Mánriquez, León Teillier, Eleodoro Labra, José Jimenez, Luis Rodríguez, Pedro Sanhueza, Manuel Bastias, Luis Díaz, Eduardo Riveros, Héctor Cueto, Roberto Acevedo, Juán Aliaga, Luis Zamora, Filiberto Andrade, Neftalí Molina, Rodolfo Ferrada, René Jara y Gustavo Araya."*
"A contar del día 27 de abril, declaramos, damos comienzo a una HUELGA DE HAMBRE de caracter indefinida."[110]

Esto generó cierta tensión al interior de la Penitenciaría, ¿qué medidas tomaron contra uds.?

Esta declaración produjo tal revuelo, que las autoridades del penal, en primer lugar, tomaron las medidas internas necesarias para aislar a los que suscribimos el Manifiesto, y sobre todo de los reos comunes. Se nos prohibio las visitas y en la galería fue reforzada la vigilancia por equipos de gendarmes.

La prensa de izquierda dió amplia publicidad a nuestra declaración, lo que contribuyo a que el movimiento solidario en Santiago y en el resto del país fuera en ascenso cada día.

Los titulares de la prensa, de esos días, resaltaba este hecho y lo comentaban permanentemente.

Comenzamos la huelga ese miércoles 27 de abril y la sostuvimos por 9 largos días, hasta que llego el Decreto firmado por el Presidente de la República, don Juan Esteban Montero, designándonos lugares de relegación

---

[110] Del Diario que Don Ramón Arellano llevaba a bordo, y después en prisión, se puede extraer el siguiente resumen de la huelga de hambre (completo en anexo):
"El miércoles 27 se tomo el último desayuno. La Comisión de Huelga reviso hasta debajo de las colchonetas, por si quedaba algún resto de alimento. En atención a la lucha trascendental en que estabamos empeñados, tratare de dejar escritos ciertos pasajes de mi estado fisiológico, día por día, y... otros aspectos breves que logré captar."

El "Frente Unico por la Libertad de Marinos en Prisión", que se había formado gracias al apoyo de toda la gente y al trabajo de los partidos políticos, como también de la prensa de oposición, logro un amplio apoyo a nuestro movimiento y lucho por lograr nuestra salida de la cárcel y, luego continuo su trabajo por la libertad definitiva de todos nosotros.

Llegó el decreto con la asignación de lugares para cada uno, ¿dónde fue destinado ud.? ¿Qué dificultades encontró para incorporarse a la vida cotidiana¿ ¿Qué actividades realizó en su lugar de destino?

Cuando los huelguistas habían repuesto parte de sus energías, y después de haber sido autorizados por algunas horas para visitar familiares en la Capital, se nos entregó a cada uno el pasaje hasta el lugar de relegación, con el compromiso de presentarnos a la autoridad del pueblo que habíamos elegido, dentro de las próximas 48 horas.

Grupos de relegados fuimos despedidos en la Estación Central por numerosos parientes y amigos, como así también por representantes de organizaciones solidarias con nuestro movimiento. El contraste de los coches de primera en que viajaríamos, era notorio al considerar las condiciones en que fuimos conducidos a Santiago siete meses atrás desde distintos puntos del país.

En varias ciudades fueron despidiéndose los marinos relegados. Yo había elegido la ciudad de Victoria, por tener allí su residencia mi inolvidable amigo y exprofesor de la Armada, Miguel Arévalo, quien me abrió las puertas de su casa y la de sus familiares.

La integración a la vida del pueblo fue muy rápida, gracias a mi amigo Miguel. Me presentó su familia, sus amigos.

¿Qué paso con el proceso de liberación definitiva?

En cualquier ocasión, en cualquier mítin o actividad política, así como en los diarios populares se precionaba a las autoridades por nuestra libertad. Sin embargo, no se producían los resultados esperados.

Fue cuando el gobierno de Montero llegó a su fin y asumió la Junta Militar encabezada por Marmaduque Grove, quien toma posesión del país y, en nombre de ella, hace declaraciones conducentes a impulsar la República Socialista de Chile, toma varia medidas políticas y sociales. Entre ella, fue decretar la libertad definitiva de todos los hombres que sufrían castigo por haber participado en la sublevación de la Marinería, en la noche del 31 de agosto de 1931.

De esta forma con mi decreto en mano y cuanto obtuve pasaje, emprendí mi regreso a Santiago. En el trayecto tuve tiempo para hacer un recuento de los hechos y, sacaba por conclusión que había cumplido con mi deber y que había actuado en pro de una finalidad que estimaba de justicia.

Me sentía con el ánimo suficiente para hacerle frente a la vida, en cualquier lucha en favor del pueblo, buscaría el puesto que me correspondiera en el combate. Y, palpe una vez mas el pequeño carnet rojo que siempre he llevado conmigo, desde que lo recibí en prisión.

No me olvidava de mi vida de niño campesino, compartiendo los trabajos de la tierra con mis padres y hermanos, en que una vez al año recogíamos el fruto de nuestro esfuerzo, como medieros, entregando al dueño del fundo la mitad o más.

Recordaba mis años de estudiante, cuando desde mi pueblo, Sauzal, partía solo en mi caballo, "El Chincol", hacia Cauquenes y desde ahí, seguir en tren a Chillán, donde realizara mis estudios normalistas.

Es cuanto le puedo contar de esta experiencia que me toco vvir junto a miles de camaradas de arma sublevados.

Capítulo IV: Ejército, ¿soldados y oficiales, sublevados?

Sí unidades del Ejército no se sumaron a la sublevación de la Armada, ¿qué motivó reducir por la fuerza de las armas al Regimiento N°2 Maipo en Valaparaíso, y en otras unidades hacer cambios de mando, realizar el Consejo de Guerra en San Bernardo, dar de baja a oficiales y clases, arrestar, trasladar con anotaciones en la hoja de vida y realizar numerosas expulsiones de la institución?

Una primera respuesta la podemos obtener de los Boletines de Información del Ejército, especialmente de los días 6, 7, 8; del Consejo de Guerra de San Bernardo; el decreto de disolución del Regimiento Maipo; así como decretos que otorgan montepíos a soldados considerados leales a la Patria. Los otros ¿eran sublevados?

El apoyo a la sublevación realizado por el Regimiento Maipo, es el nexo que puede vincular no solo la participación de esta unidad militar con la marinería, pues hay otras que participaron con diferentes grados de compromiso, pues los castigos consistentes en arrestos, expulsiones del ejército, traslados, cambios de mandos producto de sumarios internos y de juicios militares, permiten, con certeza, asegurar que efectivos del Ejército tuvieron una participación que va más allá de los sucesos del Regimiento Maipo. Es lo que nos proporcionan las lecturas de numerosos Boletines de Información del Ejército emitidos en esos día y posteriores, así como en las centencias de Consejos de Guerra, especialmente el realizado en San Bernardo contra suboficiales y clases en general y diferentes tipo de castigos a oficiales declarados, a lo menos, negligentes.

Lo dicho en torno a los sucesos del Regimiento de Infantería N°2 "Maipo", deja mucho escondido tras una nuvelosa oscura y confusa, al servicio de hipótesis que tratan de dejar al Ejercito sin vinculo con la sublevación de la marinería, trataremos de despejar el retorno del laberinto tomando la hebra que nos proporcione datos en torno a los hecho para controlar esta unidad militar tras haberla obligado a rendirse, para disolverla anulando su existencia mediante decreto y destinar a los suboficiales a diferentes puntos del país con anotaciones en su hoja de servicio y, a los comandante de batallón llamarlos a calificar servicios.

La Primera Proclama entregada por el Estado Mayor de la Sublevación, que en lo principal destacaba el problema de la rebaja de los sueldo de los marinos, las FFAA en general y de la Administración Pública, logrando numerosas protestas y adhesiones de apoyo[111]. Entre ellas se encuentra la tarjeta que redactan los suboficiales y clases del Regimiento Infantería Nº2 Maipo, haciendola circular para la recolección de firma, el Cabo 1º Alejandro Carrasco Ramírez, desde el 2 septiembre. Luego el Sargento 1º Furriel Pardo solicita al coronel Ernesto García Fernández su autorización para enviar el mensaje de adhesión. Al tratar de hacerlo a través de la radio estación de la Armada, el capitan Videla, a cargo, se negó darla a conocer, solicitando la firma de alguien responsable. Ante lo cual, 39 suoficiales lo hacen[112].

Sí esta adhesión se envió o no, es un hecho desconocido, pero si podemos señalar que al interior del R.I. Nº2 Maipo había una postura clara de apoyo a la sublevación de la marinería. Además, el coronel García no tomo ninguna medida disciplinaria contra los que redactaron el mensaje, ni contra los que firmaron esta adhesión.

Desde el intento de publicar en la radio naval esta tarjeta de adhesión pasa a conocimento de las autoridades, lo que motiva al General Carlos Vergara Montero, Ministro de Guerra, telefónicamente consultar al coronel García la situación producida en la unidad a su cargo, a lo que responde que no controlaba su unidad[113]. Desde este instante el R.I. Nº2 Maipo es considerado sublevado y en coordinación con la marinería. Lo
anterior motiva el envío de tropas leales y algunos cambios como nombrar Comandante de la Guarnición de Valparaíso al General de Brigada Agustín Moreno Ladrón de Guevara[114] y reemplazar al coronel García por el Teniente Coronel Ramón Díaz en el mando del Regimiento Maipo.[115]

---

[111] Magasich, Jorge, "Los que dijeron que "No", Historia del movimiento de los marinos anti golpistas de 1973, Ediciones LOM, Santiago de Chile, 2008, Volumen I., p. 168-171.

[112] Informe del mayor Joaquín Guitart Muñoz sobre los acontecimientos de septiembre de 1931 en el R. I. Nº 2 "Maipo". Este se encuentra en la Carpeta de Antecedentes del Coronel Ernesto García Fernández, en el Archivo de Guerra del Ejército.

[113] Informe del mayor Joaquín Guitart Muñoz, *Op. Cit*

[114] Año XXI, Boletín Oficial del Ejército, Santiago de Chile, 5 de septiembre de de 1931, Nº 70, pág. 1076. NOMBRA COMANDANTE DE LA GUARNICION DE VALPARAÍSO. P.1. Nº 2113.- Santiago, 5, IX, 931.-

[115] Año XXI, Boletín Oficial del Ejército, Santiago de Chile, 5 de septiembre de 1931, Nº 70, pág. 1076. P.1. Nº 2113.- Santiago, 5, IX, 931.- El Coronel Ernesto García Fernández deja de ser Comandante del Regimiento de Infantería Nº2 "Maipo" y es agregado a la Comandancia de la Guarnición de Valparaíso.

[116] Informe del mayor Joaquín Guitart Muñoz, *Op. Cit*

Junto a estos cambios de mando, la superioridad del Ejército determina dividir el R.I. Nº2 Maipo dejando un batallón en Valparaíso y mandando el otro a San Antonio para el debido resguardo del puerto. Con esto se pretendía debilitar el posible amotinamiento del regimiento. A la vez, fueron enviadas tropas leales, es así que el regimiento Maipo, alrrededor de las 16,00 horas del 5 de septiembre queda rodeado por tropas de la Escuela de Infantería y el Destacamento Andino. Paralelo a estas acciones es llamado por Ramón Díaz, nuevo jefe del regimiento "Maipo", el comandante Joaquin Guitart Muñoz, comandante de la segunda unidad de combate del "Maipo" para que procediera a embarcarla en los camiones y digigirse a San Antonio. Guitart, en su informe en torno a esta orden, señala que fue presentada en los siguientes términos:

"Ud. Va a partir hoy mismo a San Antonio con su batallón con una misión que se le va a encomendar. Es una misión fulera, el objeto es probar si la gente sale del cuartel. Si se negara a salir, tengo rodeado el cuartel con más de ochocientos hombres. Su misión es de sacrificio porque las balas no respetan a los oficiales. No se llevarán municiones. Esto que le digo, comuníquelo secretamente solo a sus Cdtes. de Compo"[116].

Impartida la oden de salida del batallón, el comandante Ramón Díaz lo hizo formar en cuadro y arengó la tropa diciendo: *"Este Regto. tiene una mancha y yo como su Cmte. he solicitado al Gobierno se me dé una misión honrosa para lavarla, y así las tradiciones de este glorioso Rgto. quedaran intactas.* luego procedió a leer la orden:

"ORDEN DE LA PLAZA Nº 4.-
El Supremo Gobierno en consideración a la petición formulada por el Sr. Cdte. Ramón Díaz, ha designado al Rgto. de Inf. Nº 2 Maipo, para que a toda costa impida el desembarco de la tropa de marinería en el Puerto de San Antonio. – Fdo Agustín Moreno Cdte. en Jefe de las Fuerzas. – Después de la lectura a esta orden mi Cdte. Díaz dijo que posiblemente no volvería ninguno de nosotros y que si la Escuadra desembarcaba, debería hacerlo sobre cadáveres. –

Lo anterior se producía en el patio central, pero en sus alrrededores, en el exterior, instalados en sus puestos de combate se encontraban las tropas de la Escuela de Infantería ubicadas en la Caleta de el M y, las del Membrillo y, las del Destacamento Andino N° 2 a un costado del Estadio de Playa Ancha.

Finalmente el Coronel Rosalindo Araneda, tras evaluar la situación imparte la siguiente orden a su fuerzas:

"Un Batallón de Rgto. Maipo se ha negado a cumplir órdenes del Jefe de la Plaza y la Escuela de Infantería las hará respetar.- Procedan los Comandantes de Compañías."[118]

Es así que la Escuela de Infantería avanza hasta una puerta posterior del cuartel. Estaban en estos movimientos cuando a solicitud del Teniente Mario Vasquez se detiene dicho avance instalando las armas pesadas de la Escuela en lugares mas adecuados para actuar en caso de ataque. Posteriormente se produce un intercambio de palabras entre el oficial de enlace del "Maipo", Teniente Humberto Santini y el Teniente Labarca de la Escuela de San Bernardo para que este último se retirara del sector, a lo que responde que n lo haría hasta ver salir a su destino el Bataooón del "Maipo". A la vez se produce otro encontron entre el Teniente Carvajal comandante de una sección de amtralladoras pesadas de la Escuela ubicada en el techo de una casa y el soldado del "Maipo" que se encontraba al interior del regimiento. Según lo dicho, posteriormente por el oficial, le había ordenado retirarse del lugar, a lo que soldado del "Maipo" le exigió lo mismo. En tres oprtunidades se produjo esta situación a lo que termino el teniente amenazando con abrir fuego. Posterior a esto se sintieron tiros al interior del R.I. N°2 "Maipo", lo que desde fuera se entendió como el inicio de la sublevación de esta unidad del Ejército.

Leonidas Bravo, en su libro hace el siguiente relato:

---

[117] Informe del teniente Ernesto Labra Courbis, sobre los acontecimientos de septiembre de 1931 en el R. I. N° 2 "Maipo". Este se encuentra en la Carpeta de Antecedentes del coronel Ernesto García Fernández, en el Archivo de Guerra del Ejército.

[118] Informe del Coronel Rosalindo Araneda Guzmán, sobre los acontecimientos de septiembre de 1931 en el R. I. N° 2 "Maipo". Este se encuentra en la Carpeta de Antecedentes del Coronel Ernesto García Fernández, en el Archivo de Guerra del Ejército.

"En esos momentos, una patrulla de ronda del Maipo compuesta de un Sargento y de dos soldados, al pasar cerca de la muralla trasera del cuartel vio aparecer una cabeza por encima de esta. De inmediato grito ¡Alto! ¿Quién vive? sin obtener respuesta. A los pocos minutos volvió a asomarse la misma cabeza, y ante una nueva intimación del Sargento se le contesto con un grito muy

chileno. El sargento, sin esperar más, hizo los puntos y disparo su fusil.

Fue aquella una verdadera señal, pues el disparo fue contestado por una salva desde todos los puntos que rodeaban el cuartel."[119]

...

El Regimiento Maipo contestó el fuego con gran celeridad y con una violencia increíble. Hubo ametralladoras que dispararon más de 45.000 tiros sin una pausa y sin atascarse."[120]

El informe del coronel Araneda señala que se hizo fuego con todas las armas durante una hora aproximadamente y que dentro de las acciones hubo tres intentos fallidos de las tropas de asalto para ingresar.[121]

Otro testimonio del desarrollo de los hechos es el hace el Mayor Joaquin Guitart Muñoz, comandante del II Batallón del "Maipo":

"Ya se habían colocado en la calzada, al lado afuera del cuartel, doce góndolas que debían conducirnos a San Antonio. Con este motivo se había reunido un inmenso público frente a la guardia, entre señoras de oficiales, familia de los sub-oficiales y tropa que venían a despedirles, ignorantes de lo que iba a pasar.

Estaban los fusiles en pabellones en el patio y las compañías arreglaban su equipo a cargo de los oficiales, cuando de fondo, detrás de las caballadas, se sienten dos disparos seguidos de un vivo fuego de fusilería, ametralladoras y cañones de artillería. Hacía poco que salía de mi oficina, cuando esta fue acribillada a balas y la ventana de la oficina del Cdte. de Comp. de Amtr. que se encontraba al lado, fue

---

[119] Bravo, Leónidas, "Lo que Supo un Auditor de Guerra", Editorial del Pacifico, Santiago de Chile, 1955, 2ª Edición, págs. 37 y 38.
[120] Idem
[121] Informe del coronel Rosalindo Araneda Guzmán, *Op. Cit.*

volada por un tiro de artillería. La caballada fue barrida por el fuego de ametralladoras matando 11 caballos. "[122]

El relato del Teniente Ernesto Labra Courbis, quien era el comandante de la 4ª compañía del "Maipo", señala lo siguiente:

"Mi Compañía se encontraba en los comedores y recibiendo equipo, los pabellones armados en el patio, eran más o menos las 6.45 de la tarde, caía la noche. Yo en la escalinata que da acceso a ella, de pronto dos tiros de fusil seguido de ametralladoras, me dieron a entender éramos atacados. - Salí al centro del patio y grite "4ª Compañía a las armas" ya en ese momento el ruido era ensordecedor y solamente obedecieron a mi voz, 30 conscriptos de los 70 que tenía de dotación.- En esos mismos instantes mi Cdte. Murphy gritaba desde dentro del pabellón de la guardia, las Compañías reunión acá.-A los conscriptos que habían llegado a las armas les indique el punto de reunión cumpliendo la orden de mi Cdte, pero no fue posible llegar a la guardia por el patio pues era barrido por los proyectiles y los conscriptos debieron refugiarse en los corredores de cemento.-A pesar de esto muchos de ellos siguieron conmigo y al sentir una nueva ráfaga de ametralladora, el que habla se tendió y vio caer rebanado por las balas al Conscripto Chandía de la 5ª Comp. a pocos metros de distancia.- Me arrastre entonces hasta los corredores del otro pabellón y al llegar a la palmera saque la pistola a fin de orientarme de la situación en que me encontraba y poderme defender, en esos momentos subían por el terraplén, conscriptos de la Sección comunicaciones y Amt. II Bat. venían en dirección a la guardia, impidiéndoselos yo, dando la orden de no subir, al mismo tiempo que les preguntaba si tenían munición, pues la mayoría venía con su carabina, me respondieron "NO MI TENIENTE PERO HAY UN ALMACEN DE ARMAMENTO, tratamos de echar abajo la puerta, fue imposible, en esos momentos recordé que en la Guardia estaban los cajones con munición y dije: "Uds ven lo

---

[122] Desde el primer momento los asaltantes tomaron la caballada por dormitorios de tropa y dirigieron ahí la concentración principal de fuego. Cada caballo presentaba más de sesenta impactos en el cuerpo, comprobado por el veterinario de la Esc. de Apl. de Art. Por este error y otros tantos, no se hicieron mayores víctimas. Informe del mayor Joaquín Guitart Muñoz, *Op. Cit.*

traicioneros que son los comunistas, atacan de sorpresa y no como hombres de frente, hay que matar diez managuas antes de morir uno.- Desde el terraplén di la orden de pasar de uno hacia la guardia haciéndolo con diez pasos de distancia, el primero que salió fue el suscrito, que una vez llegado allá recibió la carabina del que lo seguía, partiendo la tapa de un cajón y repartiendo mil quinientos titos en el corredor de la Guardia.- Enseguida ordene a mi tropa dirigirse al fondo del cuartel para defenderlo encaminando mis pasos hacia el bagaje.- Mi Cdte Murphy al verme gritó Tte Labra vuelva atrás con sus tropa, le conteste voy a defender el fondo del Cuartel mi Cdte.- Salga de él se lo ordeno.- En vista del tono de voz y la forma en dar la orden mi Cdte ordené salir y en la puerta me encontré con mi Cap. Marschall mi Cap. Casarino y mi mayor Guitart con el resto del Batallón.-Desde ese momento mi Mayor tenía el Batallón en sus manos, dirigiéndonos al Casino de Ofs. "[123]

Un punto relevante, a la vez curioso, de este testimonio del teniente Ernesto Labra, es que cuando comienzan los disparos, él estabaél estaba convencido que eran atacados por "comunistas" y marinos sublevados, y que ellos el "Maipo" eran fuerzas leales al gobierno.[124]

Para el Almirante Ismael Huerta, que en aquella época era cadete de primer año de la Escuela Naval, aquella noche trascurrió de la forma siguiente:

"Los del tiroteo nocturno es efectivo. Los primeros disparos que se escucharon provenían de una escaramuza entre tropas de ejército, el Regimiento Maipo por una parte y el Andino por la otra. En la escuela resonó la orden "a sus puestos" y todos corrimos a cubrirlos; el mío estaba en el segundo piso del frontis. Armado sólo de un yatagán, escuche voces y luego tiros, presumiblemente de arma corta. Los cadetes con armas apostados en ese sector rompieron a su vez el fuego. Transcurrió un largo rato antes de que el jefe de estudios, capitán de corbeta Jorge Videla Cobo, pudiera hacer oír su

---

[123] Informe del teniente Ernesto Labra Courbis, *Op. Cit.*
[124] Informe del teniente Ernesto Labra Courbis, *Opus Citatus.*

voz de alto el fuego. Algo similar sucedió en la parte posterior de la escuela desde las ventanas de los lavatorios"[125]

Por su parte el historiador naval don Carlos López Urrutia junto presentar a los suboficiales del Regimiento de Infantería "Maipo" como de parte de los sublevados, también señaló que este enfrentamiento entre la Escuela de Infantería y el Regimiento citado:

"no pasaron más allá de ser un gasto de pólvora que sirvió para aliviar la presión de las tropas acuarteladas. Los tiros produjeron gran alarma en la población y un soldado del Maipo había quedado muerto."[126]

Exiten en los informes de Labra, Guitart y otros ya mencionados, una situación coincidente con que todo es producto de una equivocación, sin embargo, en los hechos el R.I Nº2 "Maipo" fue reducido por la fuerza de las armas debiendose entregar en grupos de diez en diez ante el Regimiento Andino:

"El Tte. Labra con diez hombres preséntese y entréguese al Rgto Andino y comunique que el Batallón Guitart depone sus armas, pues nunca ha pensado combatir con tropas del Ejército"[127]

Una vez reducidos, el General Agustín Moreno, Jefe de la Guarnición, se dirigió en estos términos a los soldados del "Maipo":

"Este Regto. (era el II. Bat.) ha sido traidor a la Patria, se ha revelado contra el Gobierno y como tales recibirán su castigo como traidores. Inmediatamente serán trasladados a San Bernardo en calidad de prisioneros y debidamente custodiado".[128]

---

[125] Huerta Díaz, Ismael, "Volvería a Ser Marino", Editorial Andrés Bello, Santiago de Chile, 1988, Tomo II, p. 21.

[126] López Urrutia, Carlos, "Historia de la Marina de Chile", Editorial Andrés Bellos, 1969, págs. 372 y 373.

[127] Informe del teniente Ernesto Labra Courbis, *Op. Cit.*

[128] Informe del mayor Joaquin Guitart Muñoz. *Op-Cit.*

Posterior a estos hechos, el II Batallón sale con destino a San Bernardo, desarmados y en calidad de prisioneros de guerra para ser juzgados por el Consejo de Guerra. El I Batallón sería trasladado al día siguiente. Aquí sería juzgados por un Tribunal Militar presidido por el Comandante de la II División de Ejército. las sentencias en primera y segunda instancia se entregaron el 16 y 17 de septiembre. Los castigos se aplicaron a quienes firmaron la tarjeta de adhesión a los marinos sublevados y al Comandante del Regimiento por haber ocultado dicha tarjeta y no comunicar su existencia a sus superiores. Y tres días después: *"se recibió orden de disolverlo. Sus oficiales repartidos a los extremos del territorio con notas especiales en sus calificaciones, los sub-ofls. licenciados y los Cdtes. de Batallón, llamados a calificar servicios."*[129]

Junto al Consejo de Guerra, el Coronel Miguel Berrios Contreras inició un sumario administrativo, sobre la participación de los oficiales en los sucesos del "Maipo", que se entregó el 24 de septiembre de 1931. Tras este el alto mando institucional, resolvió trasladar a la mayoría de los oficiales a distintas unidades a lo largo del país y llamar a calificar servicios a los dos comandantes de Batallón, mayores Oscar Figueroa Gómez y Joaquín Guitart Muñoz.

La disolución del R.I. Nº2 "Maipo"

A las sanciones de los integrantes del R.I.Nº2 "Maipo" quedaba por hacer algo ejemplarizador, disolver el regimiento cuyo origen es el batallón 3.º de Línea, el mismo que fue creado con fecha 22 de septiembre de 1851, en reemplazo del 3.º de Línea "Carampangue" que se había sublevado contra el Gobierno en Concepción. Al igual que en aquella época, ahora se procedía a reemplazarlo por el R.I.Nº2 "Valparaíso" y su personal separado, expulsado y repartido por dferentes unidades del país.

Con fecha 25 de septiembre de 1931, en Santiago se publica E.M. del E.O. Nº2 2230 que decreta lo que se indica:

> *Vistas las sentencias ejecutoriadas de primera y segunda instancia de fecha 16 y 17 de septiembre de 1931, dictadas por el Consejo de Guerra y por el Comandante en Jefe de la II División de Ejército y recaídas por actos contra el orden y disciplina del Ejercito por los suboficiales, clases y tropa del*

---

[129] Informe del mayor Joaquin Guitart Muñoz. *Op. Cit.*

Regimiento de Infantería Nº 2 "Maipo", y considerando que es obligación imperiosa del Gobierno mantener el prestigio del Ejercito en todo cuanto tiene por objeto la conservación del orden público en el interior y la seguridad exterior de la Republica, de acuerdo a la Constitución y la leyes.
Decreto:
1. *Disuélvase el Regimiento de Infantería Nº2 "MAIPO".*
2. *Organícese en la guarnición de Valparaíso el Regimiento de Infantería Nº2 "VALPARAISO".*
3. *El Comando en Jefe de la II División de Ejército queda encargado de cumplir el presente decreto.*
4. *El presente decreto comenzara a regir desde el 23 de septiembre de 1931.*
Tómese razón, regístrese, comuníquese e indíquese en el Boletín de la Leyes y   Dect del Gob. y publíquese en el B. O. del Ejercito-M.TRUCCO.Carlos Vergara M."[130]

Las sanciones disciplinarias no sólo se redujeron a la disolución del R. I. Nº 2 "Maipo, sino que tocaron a todo su personal, desde el   comandante del Regimiento hasta el último soldado:

1. *El Coronel Ernesto García Fernández fue separado del Ejército con fecha 25 de septiembre de 1931.[131]*
2. *La oficialidad del "Maipo", fue destinada a otras unidades del Ejército, a excepción de los   Jefes y Oficiales del ex-regimiento que fueron agregados por un tiempo a la guarnición de Valparaíso con fecha 26 de septiembre de 1931.[132]*
3. Por otra parte varios suboficiales, clases y soldados del ex-Regimiento fueron expulsados de las filas del Ejército.

---

[130] Año XXI, Boletín Oficial del Ejército, Santiago de Chile, 26 de septiembre de 1931, Nº 75, pág. 1145

[131] Año XXI, Boletín Oficial del Ejército, Santiago de Chile, 26 de septiembre de 1931, Nº 75, pág. 1150. Por Decreto Supremo P.4. Nº 2231.- de fecha 25 de septiembre de 1931.
[132] Año XXI, Boletín Oficial del Ejército, Santiago de Chile, 26 de septiembre de 1931, Nº 75, pág. 1148 P.1. Nº 2249.- Santiago, 24. IX. 931.-

Con respecto a los oficiales del ex -"Maipo" algunos fueron llamados a calificar servicios (en el Boletín Oficial se señala que esta determinación fue tomada teniendo presente *"la responsabilidad moral y disciplinaria..."* y, *"las incidencias que dieron margen a la disolución del ex-Regimiento de Infantería N°2 "Maipo",* además de los *"antecedentes de calificación."[133]*), otros enviados a diversas unidades del país (como los regimientos de infantería: Esmeralda, Magallanes, Rancagua, Yungay[134]), y un grupo menor regresó al ahora R.I. N° 2 "Valparaíso". Por último, un grupo fue expulsado como parte de las sanciones disciplinarias del Consejo de Guerra contra el personal de Suboficiales del ex – Regimiento de Infantería N° 2 "Maipo", que determinó con fecha 25 de septiembre de 1931, que los siguientes individuos debían ser expulsados:[135]

1. *Dese de baja por no convenir al servicio al personal de suboficiales, cabos, y tropa contratada no comprendida en el numero anterior*
2. *No podrán pertenecer jamás el EJERCITO, ARMADA, AVIACIÓN ni CUERPO DE CARABINEROS, los individuos cuya nómina se publicará en el BOLETIN OFICIAL del Ejército y que pertenecían a la dotación del Regimiento de Infantería N°2 "MAIPO" entre el 1° y el 7 de septiembre de 1931.*
3. *Los conscriptos llamados y voluntarios de la misma unidad serán licenciados por reducción de planta con la anotación de conducta que corresponda.*
4. *El Comandante en jefe de la II División de Ejército queda encargado del cumplimiento de esta orden ministerial.*
5. *La presente Orden Ministerial comenzara a rejir desde el 23 de septiembre de 1931. Anótese, comuníquese y publíquese en el BOLETIN OFICIAL del Ejército. - Carlos Vergara M.*

Posteriormente, algunos fueron repuestos mediante rectificación producida el 14 de octubre de 1931 de algunos nombres de los suboficiales[136]

---

[133] Año XXI, Boletín Oficial del Ejército Santiago de Chile, 14 de octubre de 1931, N° 80, pág. 1218

[134] Año XXI, Boletín Oficial del Ejército, Santiago de Chile, 14 de octubre de 1931, N° 80, págs. 1220-1222

[135] Año XXI, Boletín Oficial del Ejército, Santiago de Chile, 26 de septiembre de 1931, N° 75, pág. 1156. P.3. N° 1110.- Santiago, 25. IX. 931.-

[136] Año XXI, Boletín Oficial del Ejército, Santiago de Chile, 14 de octubre de 1931, N° 80, pág. 1228 P.3. N° 1187.- Santiago, 13. X. 931.- Se rectifican algunos nombres de personal que había pertenecido

y posteriormente el 21 de noviembre de 1931, apareció en el Boletín Oficial un nuevo listado con nombres de ex–suboficiales que fueron expulsados, y con la explícita sentencia de *"no poder pertenecer jamás al Ejército."*[137] (Se encuentra un listado de nombres que son los que habrían firmado la tarjeta de adhesión a la marinería).

Así como sucedió con los condenados de la marinería y debido a los movimientos sociales que solicitaban su liberación, durante el Gobierno de Carlos Dávila con fecha 23 de junio de 1932 se dictó el siguiente decreto[138]:

> *"DECRETO DE LEY N° 75*
> Amnistía a favor del personal del R. I. N° 2 "Maipo"
> *Subsecretaria de Ejercito N° 1018.- Santiago, 23. VI. 932.*
> *Con esta fecha se ha decretado lo que sigue:"Vistos estos antecedentes, la Junta de Gobierno ha acordado y dicta el siguiente: DECRETO-LEY:*
> *Artículo único – Concédase amnistía al primer Comandante del Regimiento de Infantería N° 2 "Maipo" condenado a separación y a los sargentos, cabos y soldados condenados a expulsión de las filas por las sentencias del Consejo de Guerra de San Bernardo y del Comando de la II División de fecha 16 y 17 de septiembre de 1931.*
> *Se declara que esta amnistía rige para todos los efectos legales y en especial para aquellos a que se refiere el art. 227 del Código de Justicia Militar.*
> *Esta ley regirá desde la fecha del cúmplase de las mencionadas sentencias y las pensiones de retiro que correspondan se pagaran con cargo a fondos fiscales.*
> *Tómense razón, comuníquese, publíquese e insértese en el Boletín de Leyes y Decretos del Gobierno. –CARLOS DAVILA. –Alberto Cabero. –Nolasco Cárdenas.– Arturo Puga. – M. Perez Peña."*

---

al R. I. N° 2 "Maipo" y estaba afecto a sanciones por indisciplina. (P.3. N° 1110.- 25. IX. 931.- B/O, N° 75, pág. 1156)

[137] Año XXI, Boletín Oficial del Ejército, Santiago de Chile, 21 de noviembre de 1931, N° 91, pág. 1409

[138] Año XXII, Boletín Oficial del Ejército, Santiago de Chile, 8 de Julio de 1932, N° 28 pág. 718.

El renacer del R.I. N°2 "Maipo"

El peso hitórico del Regimiento de Infantería N°2 Maipo, obliga a revisar la deteminación de su disolución mediante decreto. Este regimiento esta ligado a la Historia Nacional desde 1814 cuando se crearon los batallones 1,2,3,4[139]. El origen es el batallón 3.° de Línea que luego pasó a denominarse 2° de línea. Fue creado con fecha 22 de septiembre de 1851, en reemplazo del 3.° de Línea "Carampangue" que se había sublevado contra el Gobierno en Concepción. Por lo que decretó lo siguiente: *"Organícese un batallón en esta capital con la denominación de núm. 3 de línea, al mando del coronel don Juan Vidaurre - Leal, y compuesto de los oficiales, clases y tropa que los demás del Ejército".* Posteriormente con fecha 29 de abril de 1852, el 3.° pasó a denominarse 2.° de Línea, según se indica: *"Los batallones de infantería se denominarán 1.°, 2.°, 3.°, 4.° y 5.°; siendo 1.° el que hoy lleva el nombre de Buin, que conservará antepuesto al número; 2.° el que hoy se llama n.° 3; 3.° el que se titula 1.° ligero; 4.° el que se denomina 5; y 5.° el que lleva el nombre de Santiago."*

Antes de la Guerra del Pacífico la unidad había entrado en acción en el combate de Cerro Grande durante la Revolución de 1859. Participó en las campañas de Antofagasta, Tarapacá, Arica y Tacna, Lima y ocupación del Perú. Tuvo participación en la Revolución del 91 (1891) junto a las fuerzas leales al Gobiero del Presidente Balmaceda y, en la Batalla de Placilla perdio el 50% de sus hombres debido al mal equipamiento y al ser superado en número. En la historia reciente fue parte del Golpe de Estado de septiembre 1973 en que junto a la Armada y Carabineros asumen el control del puerto de Valparaiso y luego la ruta 68.

Con estos antecedentes histórico era dificil que por decreto se cerrara un regimiento, es así que se inicia un proceso de reestructuración del nuevo regimiento concluyendo el 23 de diciembre de 1931, cuando el R. I. N° 2 "Valparaíso", vuelve a su denominación anterior de "Maipo"[140]:

"E. M. del E. O. II. N° 3142.-Santiago, 23. XII. 931.- S. E. ha decretado lo que sigue:

---

[139] Rivera Vivanco, Gabriel (2013). «Las primeras unidades de infantería del ejército patriota». *Memorial del Ejército de Chile.* 2013-2: 126-.. http://www.cesim.cl/archivos memorial/2010-2017/2013/2013_2.pdf consultado el 15 de enero 2020

[140] Año XXI, Boletín Oficial del Ejército, Santiago de Chile, 24 de diciembre de 1931, N° 100, págs. 1541-1542. Sobre denominación del ex-R. I. N° 2 "Maipo"

Vistos estos antecedentes y considerando:

Que el nombre del ex-Regimiento de Infantería N° 2 "Maipo", se encuentra ligado al recuerdo de muchas e importantes etapas de la vida militar del país;

Que entre los miles de reservistas salidos de sus filas, constituye un anhelo general el que se restituya a este Regimiento la denominación que tenía con anterioridad al 25 de septiembre del año en curso,

DECRETO:

El Regimiento de Infantería N° 2 "Valparaíso", pasara a denominarse, a partir del 25 del presente mes, Regimiento de Infantería N° 2 "Maipo".

Tómese razón, regístrese, comuníquese y publíquese en el BOLETIN OFICIAL. - JUAN E. MONTERO. - Carlos Vergara M."

Los castigos en otras unidades del Ejercito

El R.I. N°2 "Maipo" no es la única unidad del Ejército en que se manifiestan conductas reñidas con la disciplina militar y que asumen posturas en favor de la marinería y luego dados de baja en los días inmediatos a la sublevación, sino que aparecen otras unidades comprometidas en tal propósito, como es el caso del Regimiento de Caballería N°4 "Coraceros de Prieto" cuyo cuartel se encontraba en Viña del Mar. De esta unidad, son dados de baja con fecha 30 de septiembre de 1931 por mala conducta y no convenir al Servicio, los soldados 2° Enrique Quiñonez Torres (I Escuadrón), Denetrio Contreras Tapia (II Escuadrón), Juan Mella Gutierrez (II Escuadrón), Roberto Castillo Miranda (Escuadrón de Amatralladoras), Luis Vergara Araya (Escuadrón de Ametralladoras), y el Cabo 2° Juan Orellana Soto (II Escuadrón) con fecha 7 de septiembre.

Las acciones contra el "Coraceros" se iniciaron de madrugada del 6 de septiembre, bajo el mando del Capitan Sr. Juan Torrealba Q. comandante del Escuadrón Movilizados reduciendo y tomando pricioneros.[141]

El R.I. N°1 de Línea "Buin" según indica el Boletin Oficial del Ejército N° 71, del 22 de septiembre de 1931, p. 1135, el Subteniente Cesar

---

[141] Guzmán Cortez, Leonardo, "Un Episodio Olvidado de la Historia Nacional (julio – noviembre)", Editorial Andrés Bello, Santiago de Chile, 1966, pág. 102.

Munita Whtaken fue separado del servicio con un comentario que dice "por razones ajenas a la sublevación de la marinería", lo que provoca la sospecha que no fue así.

En el Grupo de Aviación en Quinteros, los suboficiales habían encerrado a los oficiales, pero ante la presencia de los lanceros fueron dejados en libertad y los insurrectos tomados pricioneros. Posteriormente, con fecha 14 de noviembre se publica decreto con retiro obligatorio de varios oficiales.[142]

Mártires y no mártires

En los caídos en los combates de Talcahuano podemos distinguir entre aquellos considerados mártires con lápidas de bronce, leyendas de cumplimiento del deber, con costo al Regimiento. Los hay otros quienes aparecen muertos en combate que no tienen ningún reconocimiento por lo que podemos asumir que sean sublevados muertos en combate al reducir los astilleros de costa. Es lo que podemos apreciar en Angol que hay tumbas que solo tienen la inscripción del nombre y la fecha de muerte, en cambio, el caso del conscripto José Azocar que se encuentra en el mausoleo militar del cementerio general de Concepción, cuya lapida de mármol dice: " El Rejto. Inf. N° 6 "Chacabuco" al conscripto José Azocar Aguayo muerto en cumplimiento del deber en Talcahuano el 5 de septiembre de 1931" (Las lapidas de bronce de los soldados conscriptos del Regimiento de Caballería N° 3 "Húsares" tuvo un costo de $ 953.08 pesos y los gastos en funerales de los mismos soldados del "Húsares" ascendieron a $ 1.050 pesos[143]).

---

[142] Año II, Boletín Oficial de la Aviación, Santiago de Chile, 28 de noviembre de 1931, N° 39, págs. 336-337

DECRETOS

Retiros

RETIRO ABSOLUTO DE VARIOS OFICIALESD. P. N° 345.-Santiago, 14 de no noviembre de 1931.S.E. el Vice-Presidente de la Republica ha decretado hoy lo que sigue:

Vistos estos antecedentes y considerando: 1.º Que el Comandante de Escuadrilla de la R.A. del Escalafón de Guerra señor Luis H. Marín Manubens, el Capitán de Bandada de la misma rama y escalón, señor Rafael Sáenz Salazar, y el Teniente 1.º de Aviación de la R.T. del Escalafón de Guerra señor Carlos Sothers Retamales, fueron separados del servicio por decreto de fecha 5 de Octubre de 1931, del señor Comandante en Jefe de las Fuerzas Armadas; y 2.º Que de acuerdo con lo dispuesto en los artículos 24 letra d), 31 inc. 2.º, 67 y 68 del D.S. N.º 3743 de 26 XII, 927, procede, computada esta sobre la base del 50% del sueldo de sus respectivos empleos y con arreglo a la escala que les corresponde por sus años de servicios.

[143] Año XXII, Boletín Oficial del Ejército, Santiago de Chile, 11 de agosto de 1932, N° 34 págs. 907-908.

También encontramos una diferenciación entre soldados cuyas familias reciben montepíos y otras no. En el caso del Cabo Tulio Miranda, fallecido el 5 de septiembre de 1931, pertenecía al Grupo de Caballería Divisionaria del Regimiento de Caballería Nº 3 "Húsares". De él, no se encuentra información sobre entrega de pensión de montepío a algún familiar.

En cuanto al Soldado Chandía de la 5ª Compañía del II Batallón del Regimiento de Infantería Nº 2 "Maipo", quien falleciera en los primeros momentos del enfrentamiento entre el "Maipo" y la Escuela de Infantería. Sobre él no hay información de pensión de montepío entregada a algún familiar.

ANEXO

PIMERA PROCLAMA DE LAS TRIPULACIONES DE LA ARMADA

"En la noche del 31 de agosto al primero de septiembre de 1931, las Tripulaciones de La Armada, que hasta aquí han sido esencialmente obedientes y que no han deliberado jamás ante el flujo y reflujo de los apasionamientos, sino que por el contrario, han sido siempre juguete de los mismos, empleandoles para levantar o derrocar Gobiernos, han visto que todas esas maniobras no han hecho otra cosa sino que hundir cada día mas al país en la desesperación y en el descredito e insolencia."

"Hoy, inspiradas las Tripulaciones de La Armada en los mas sanos y nobles propósitos de bien nacional, impulsados por el fervor incontenible, sin desconocer sus deberes indiscutibles de trabajo en tiempo de paz y defensa de la Patria en caso de guerra exterior, hacen uso de su sagrado derecho de pensar, y manifiestan a la faz del país, los siguientes acuerdos, previa la siguiente declaración:"

"Las Tripulaciones se levantan no ante sus jefes, a los que respetan, no ante la disciplina que la mantendran ferreamente, no ante el país que debe confiar en ellas, sino que ante la incapasidad de la hora y ante el apacionamiento político y fatricida próximo a desbordarse."

"Hecho este preambulo, consideramos:

1º.-Que un deber de patriotismo obliga a las tripulaciones de La Armada a no aceptar delapidaciones no depreciaciones de la Hacienda del país, por la incapacidad imperante en el Gobierno actual y la falta de honradez de los anteriores.

2º.-Que los actuales gobernantes, para solucionar la situación ecónomica, solo han recurrido a la misma política de sus antecesores, con una falta absoluta de iniviativa de comprensión; por lo tanto acuerdan:"

"1.-No aceptar por ninguna causa que los elementos modestos que resguardan la administración y paz del país, sufran cercenamientos y el sacrificio de su escaso bienestar para

111

equilibrar situaciones creadas por malos gobernantes y cubrir deficit producidos por los políticos ausentes errores y falta de probidad de las clases gobernantes."

"2.-Los poderes competentes pediran la extradición de los políticos ausentes y, para deslindar responsabilidades, se les juzgue y sancione conforme a derecho."

"3.-Que el Gobierno en su deber de velar por los derechos sagrados de los ciudadanos civiles, militares o navales, por un prestigio de la libertad que defiende, debe evitar por todos los medios a su alcance que en la conciencia de la masa se forme un ambiente hostil a las Fuerzas Armadas."

"4.-Que las Tripulaciones de La Armada, en su propósito firme de que se consideren sus aspiraciones y derechos, exige que las escuadras se mantengan al ancla en esta bahía mientras no se solucionen satisfactoriamente sus problemas que presentamos a la consideración del Gobierno."

"5.-Que jamás mientras haya a bordo un solo individuo de tripulación, los cañones de un barco de guerra chileno seran dirigidos contra sus hermanos del pueblo."

"6.-A objeto de no prolongar situaciones molestas para el país, las tripulaciones de La Armada dan un plazo de 48 horas para que se conteste satisfactoriamente a las aspiraciones que se contemplan en esta nota."

"7.-Queremos a la vez dejar constancia que no han sido influenciados por ninguna idea de índole anárquico y que no estamos dispuestos a tolerar tendencias que entreguen al país a un abismo de desorientación social. No hay en el anhelo de defendernos exclusivamente, sino y en forma especial, de ayudar también a nuestros conciudadanos que actualmente sufren la privación de trabajo por culpa de la incapacidad gubernativa".

"Coquimbo, septiembre 1 de 1931."

SEGUNDA PROCLAMA

"Lo que necesitan las tripulaciones de La Armada:"

"Recursos favorables para el pueblo. Hasta la fecha el Gobierno se ha limitado a efectuar economías reduciendo sueldos y suprimiendo empleos y puestos publicos, pero no se ha visto aún que intente una medida que demuestre interés de los financistas. Sugerimos las siguientes ideas:"

"1.-Calcular el tiempo prudencial para suspender el pago de la deuda externa, bajo el punto exclusivo que dentro de ese plazo se restablezca el orden financiero interno del país."
"2.-Subdividir las tierras productoras y propietarios nacionales."
"3.-Que las Cajas de Crédito, las Agencias fiscales, la Mutual de La Armada y Ejército, reunan entre todas un capital de 300 millones de pesos o mas para invertirlos en industrias productivas, en las cuales se de trabajo al mayor número de obreros sin ocupación. Se pueden indicar entre otras, la construcción de casas para obreros, ampliación de fábricas, etc. Para evitar la importación innecesaria de artículos extranjeros, hacer un llamado patriotico a todos los millonarios chilenos para que suminstren en caracter de préstamo, los fondos que puedan al Gobierno, para que este organice industrias y proporcionen trabajo a los obreros..."

DIARIO DE UNA HUELGA DE HAMBRE

Del Diario que llevaba a bordo, y después en prisión, se puede extraer el siguiente resumen:

"El miércoles 27 se tomo el último desayuno. La Comisión de Huelga reviso hasta debajo de las colchonetas, por si quedaba algún resto de alimento. En atención a la lucha trascendental en que estabamos empeñados, tratare de dejar escritos ciertos pasajes de mi estado fisiológico, día por día, y... otros aspectos breves que logre captar."

"PRIMER DIA DE HUELGA"

"En la tarde de ayer he sentido hambre, mucho dolor de cabeza y cierta debilidad general. Almorce un vaso de agua y lo mismo hice en la hora de comida.

"SEGUNDO DIA"

"Se acentua la debilidad general, seguida de dolores de estómago y con un hambre terrible. Despertaba anoche, luego de haber soñado sirviéndome buenos platos de cazuela y rica ensalada."

*"**TERCER DIA.** (Anotaciones al día siguiente)"*

"Dormí mas o menos bien, aunque con mayores irregularidades que la noche anterior. Soñe con inmensos fondos ricos de porotos, de los que personalmente sacaba con un cucharón repetidas raciones, que en nada saciaban mi apetito."

Paso a vernos el director del Establecimiento; nos pregunto a cada uno, por orden del Ministro de Justicia, que a donde queríamos irnos relegados si el Gobierno tomara esa medida. Esto demuestra que el Ejecutivo tiende a ceder. Contestamos que nos ateniamos a lo dicho en nuestro manifiesto: LA LIBERTAD O LA MUERTE."

"En el diario "La Opinión", sale un artículo relacionado con esta huelga."

*"**CUARTO DIA**"*

"A primera de ayer nos han obligado a trasladarnos a otra sección del penal, al costado del "Patio Siberia", donde se aisla a los penados que estan próximos al fusilamiento. De a dos huelgistas en cada compartimiento, que se hace cada hora mas helado..."

"En la tarde de este cuarto día de huelga, nos sorprendio la visita de don Arturo Alessandri Palma. Recorrio cada una de nuestras celdas, rogandonos que suspendieramos la huelga. Ante nuestra negativa, se le vio bastante apenado."

"En los diarios, "La Opinión" y "Crónica" (que secretamente nos trae un gendarme), sobre todo en este último, se escribe mucho exigiendo nuestra libertad."

*"**QUINTO DIA.** (Anotaciones en la tarde de este mismo día)"*

"He amanecido bastante débil. Es el primero de mayo. Los diarios de que he hablado ocupan casi toda la primera página refiriendose a nosotros. En la noche estoy muy agotado.

*"**SEXTO DIA.** (Anotaciones al anochecer)"*

"Casi todo el día lo he pasado en cama. En la mañana nos visitó un Doctor." "Por la tarde me avisaron que mi padre rogaba si podía hablarme una palabra siquiera... Le mandé decir que era imposible, que estaba regular, y, que no olvidara que teníamos que ser firmes... Como el pellín de los espinos de nuestros campos maulinos."

"Sabemos que en Santiago y en otras ciudades hay grandes movimientos de opinión; huelgas de los escolares, desfiles estudiantiles y acciones de instituciones adheridas al "Frente Unico Pro-Libertad de los marinos", que exigen nuestra salida a S.E."

"SEPTIMO DIA"

"Anoche lo pase malito... me ha dolido mucho las piernas, los riñones. Nuevo examen médico. A media tarde llego orden de trasladar a los huelguistas al Hospital "El Salvador". En un incomodo vehículo nos condujeron, a pesar de nuestra debilidad. En ese establecimiento hospitalario, los carabineros se hicieron cargo de nosotros. Resulto que el oficial me era conocido desde Talcahuano, eso fue motivo para que me designaran una pieza independiente en el Pensionado. (Anotaciones hechas en la noche)."

"OCTAVO DIA"

No me he sentido nada de bien. A mi debilidad e incertidumbre, se agrego otro sacrificio: una monjita llego al anochecer de ayer a mi pieza a insistir que comiera algo. Ante mi negativa, diciéndole que estaba dispuesto a morir y no quebrar la Huelga de Hambre, esta curiosa cristiana dejo en mi velador un Sandwich de jamón con mantequilla y una aromatica taza de chocolate. Me vi obligado a levantarme para retirar aquello y tratar de dormirme vuelto hacia la muralla."

"Este día siguiente en miércoles. Mi aspecto no tiene nada envidiable; el espejo me lo dice a cada rato. A pesar de mi estado físico, he realizado la operación de afeitarme con la navaja."

"En la tarde dejaron entrar a mis padres... Nos mantuvimos serenos, puesto que la libertad debe venir pronto."

"NOVENO DIA"

"Poco antes de las 12 horas llego el esperado Decreto, firmado por el Presidente de la República don Juán Esteban Montero. En ese documento se determinaba el lugar de relegación de cada uno de los integrantes de la Huelga de Hambre."

"Desde ese instante autorizamos se nos trajera el alimento adecuado para el estado de salud en que nos encontrabamos. A cada pieza o departamento se ordeno traer cazuela de pollo,

con aumento cuidadoso en cada una de las viandas. Al margen de todas estas preocupaciones el gringo Teillier, el cual exigio perentoriamente un "bistec a lo pobre". No supimos después que le hubiera ocurrido algo anormal a su enflaquecido organismo...".

Bibliografía

Libros relativos al tema:
*Bravo Valdivieso, Germán, *La Sublevación de la Escuadra y el Período Revolucionario 1924-1932*. Ediciones Altazor, Santiago, Chile, 2000.
*Cerda, José M., *Relación Histórica de la Revolución de la Armada de Chile*, Editorial Rafael Merino, Concepción, Chile, 1934.
*Manns, Patricio, *La Revolución de la Escuadra*. Javier Vergara Editor, Viña del Mar, Chile, 2001.
*Von Schroeders, *El Delegado del Gobierno y El Motín de la Escuadra*. Imprenta y Litografía Universo, Chile, 1933.

Textos generales:
*Barros Ortíz, Tobías, *Recogiendo los pasos: Tobías Barros Ortiz: testigo militar y político del siglo XX. Espejo de Chile*. Planeta, Santiago, Chile. 1988.
*Charlín, Carlos, *Del Avión Rojo a la República Socialista*, Editorial Quimantú; Santiago 1972.
*Correa, Sofía; Figueroa, Consuelo; Jocelyn Holt, Alfredo; Rolle, Claudio; Vicuña, Manuel; *Historia del Siglo XX Chileno*, Editorial Sudamericana, Santiago, Chile, 2001.
*Donoso, Ricardo. *Alessandri, agitador y demoledor: cincuenta años de historia política de Chile*, Fondo de Cultura Económica, México. 1952.
*Drake, Paul, *Socialismo y Populismo en Chile 1936- 1937*, U. Católica de Valparaíso, 1992.
*Guillermo, Bravo, Alfredo, *4 de junio. El Festín de los Audaces*, Empresa Letras, Santiago, Chile. 1932.
*Miguel, Varas, José, *La novela de Galvarino y Elena*, LOM Ediciones, Santiago, Chile. 1995.
*Valtín, Jan; *La Noche Quedo Atrás*, Impreso en México, 7a Edición Septiembre 1963.
*Vergara Montero, Ramón, *Por Rutas Extraviadas*. Impr. Universitaria, Santiago, Chile. 1933.
*Vial, Gonzalo, *Historia de Chile 1891-1973* Tomo V, Zig-Zag, Santiago, Chile. 2001.
*Ochoa Mena, H., *La revolución de julio: la caída de la tiranía militar en Chile*, Imp. "Cisneros", Santiago de Chile. 1931.

Artículos:
*Palacios Ríos, Germán, "El Partido Comunista y la Transición a la Democracia despúes de la Dictadura de Ibáñez" En Loyola, Manuel y Rojas, Jorge (compiladores) *Por un Rojo Amanecer: Hacia una Historia de los*

Comunistas Chilenos, [s.n.], Santiago, Chile, 2000

*Pérez Ibaceta, Cristián, "¿En defensa de la Revolución? La expulsión de la Izquierda Comunista 1928-1936", En Loyola, Manuel y Rojas, Jorge (compiladores) Por un Rojo Amanecer: Hacia una Historia de los Comunistas Chilenos, [s.n.], Santiago, Chile, 2000

*Claro Tocornal, Regina; "Reflexiones en torno a lo Acaecido en la Armada de Chile en 1931", en *Boletín de la Academia Chilena de la Historia*, Año LXVII N°110, Santiago, Diciembre 2001. pp. 07-34

*Justo, Liborio, *La Sublevación de la Escuadra*, Suplemento de la edición N°140, Punto Final, 28

La sublevación de la Armada de Chile en septiembre de 1931: ¿Reivindicaciones laborales o infiltración comunista? pp. 64-91 septiembre de 1971.

*Vergara Paredes, Sandrino; *Efectos de la sublevación de la marnería de 1931, en el Ejército de Chile*, concurso de Historia Militar para miembros Académicos años 2011-2012, Academia de Historia Militar, Chile.

Archivos:

*Ulianova, Olga, Archivos: "Inéditos documentos de Komintern del período 1922-1937":

Archivos 1931-1932, Documento 10, carta desde la sede del BSA al Lender-Secretariado Latinoamericano a Moscú, 04/09/1931.

*Archivos 1931-1932, documento 11, Carta del Buró Sudamericano de Komintern al Comité Central del P.C Chileno, 07/09/1931.

*Archivos 1931-1932, Documento 18, Tesis del BSA de la IC sobre las grandes luchas revolucionarias del proletariado chileno 04/12/1931.

*Archivos 1931-1932, Documento 19, Discusión sobre la cuestión chilena (discurso del compañero López), 09/12/1931.

*Archivos 1931-1932, Documento 20, Discurso de González Alberti clausurando la discusión Chilena, 19/12/1931.

*Archivos 1933-1934, Documento 16 "Característica de Chile en documentos del Lender Secretariado Latinoamericano, 1933

*Archivos 1933-34, Documento 19, "Discusión sobre la situación Chilena en el Buró Sudamericano de Komintern, Intervención de Fritz Glaufbauf (Diego), Marzo de 1934.

Memorias:

*Duarte Delgado, Alejandro y López San Francisco, Celso Aproximación Histórica al Partido Socialista en la Provincia de Coquimbo 1931-1961, Universidad de La Serena, Chile, 1993.

Novelas históricas:
Revista Norte Histórico N° 1, 2014 / ISSN: 0719-4587 Carlos Alfaro Hidalgo
Mujica, Gustavo, Rebelión en la Armada, Editorial Chilena Santiago 1959.
Nazaré, Jacobo, Destrucción, Editorial Europa, Valparaíso 1948.

Indice